通用管理能力指定培训教材

资源与运营管理

（第四版·上册）

[英]　卡伦·霍勒姆斯（Karen Holems）
　　　科里恩·里奇（Corinne Leech）　等著

天向互动教育中心　编译

清 华 大 学 出 版 社
国 家 开 放 大 学 出 版 社
北 京

北京市版权局著作权合同登记号　图字：01-2003-2114 号

资源与运营管理（第四版·上册）

图书在版编目（CIP）数据

资源与运营管理：第四版. 上册/(英)卡伦·霍勒姆斯(Karen Holems)等著；天向互动教育中心编译. 一北京：清华大学出版社：国家开放大学出版社，2021.2 (2023.7重印)
ISBN 978-7-302-57558-0

Ⅰ．①资…　Ⅱ．①卡…　②天…　Ⅲ．①企业管理　Ⅳ．①F272

中国版本图书馆 CIP 数据核字（2021）第 021029 号

责任编辑：刘志彬
封面设计：天向互动教育中心　汉风唐韵
责任校对：王凤芝
责任印制：杨　艳

出版发行：清华大学出版社
　　　　　网　　址：http://www.tup.com.cn，http://www.wqbook.com
　　　　　地　　址：北京清华大学学研大厦 A 座　　　邮　　编：100084
　　　　　社 总 机：010-83470000　　　　　　　　　邮　　购：010-62786544
　　　　　投稿与读者服务：010-62776969，c-service@tup.tsinghua.edu.cn
　　　　　质 量 反 馈：010-62772015，zhiliang@tup.tsinghua.edu.cn
　　　　　国家开放大学出版社　　　　　　　　　　地　　址：北京西四环中路 45 号
印 装 者：艺通印刷（天津）有限公司
经　　销：全国新华书店
开　　本：185mm×230mm　　　　　　　　　　印　　张：13.5　字　　数：260 千字
版　　次：2003 年 12 月第 1 版　　2021 年 2 月第 4 版　　印　　次：2023 年 7 月第 11 次印刷
定　　价：32.00 元

产品编号：091917-01

教材编审委员会

序　谈谈通用管理能力

　　培训创造机会、能力改变命运。能力培养和训练的重要性，现在无论怎么强调也不过分，而且已经成了吾国、吾土、吾官、吾民之共识。

　　今天更重要的问题反倒是：我们需要培训什么？学习什么？增长什么样的才干？获得什么样的能力？如果选准方向，则事半功倍，反之则有可能事倍而功半。

　　作为对这个问题的回答，1998年，中华人民共和国劳动和社会保障部（2008年与中华人民共和国人事部整合为中华人民共和国人力资源和社会保障部）部级课题"国家技能振兴战略"[①]首次把人的能力分成了三个层次：职业特定能力、行业通用能力和核心能力。

　　如图所示，在每一个具体的职业、工种和岗位上，都会存在一定数量的特定能力。从总量上看，它们是最多的，但是从适用范围看，它们又是最狭窄的。对每一个领域或行业来说，都存在着一定数量的通用能力。从数量看，它们显然比特定能力少得多，但是它们的适用范围涵盖整个行业领域。而就更大范围而言，还存在着少量从事任何职业或行业工作都需要的、具有普遍适用性的技能，这就是核心能力。

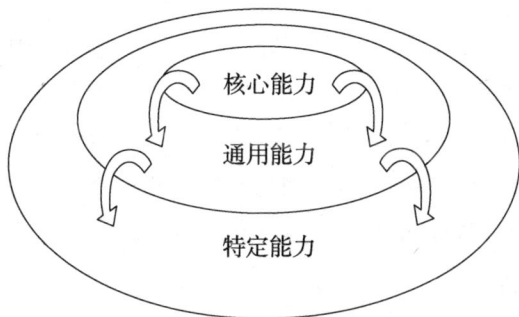

能力分层体系

　　长期以来，我国职业教育培训活动和职业资格认证制度把自己的工作重心集中于职业

---

　　① 中华人民共和国原劳动和社会保障部部级课题"国家技能振兴战略"于1998年9月28日通过部级评审鉴定。该课题主报告未正式出版，其主要内容可见（陈宇. 走向世界技能强国. 北京：中国长城出版社，2001.）中的同名文章。

特定能力，为数以百计的职业（或工种）制定了国家标准，在近千个职业（或工种）领域开展了职业技能鉴定工作[①]。这些工作对于推进我国职业教育培训和职业资格认证制度建设有重大影响和意义。但是，在过去的一段时间里，整个社会对通用能力与核心能力有所忽视。

实际上，通用能力与核心能力的应用范围，要远宽于职业特定能力，它们是相同或相近职业群中体现出来的、具有共性的技能和知识要求。因此，它们往往是人们职业生涯中更重要的、最基本的技能，也具有更普遍的适用性和更广泛的迁移性。开发和培育劳动者（或后备劳动者）的通用能力与核心能力，能为他们提供更广泛的终身从业和终身发展的能力基础，其影响和意义极其深远。

近年来，我国在通用能力和核心能力的研究和开发方面取得了可喜的成果。通用管理能力的推出，是我国在核心能力研究和开发取得重要成果后，在分层次能力研究和开发方面取得的又一个重要突破。

管理领域的特征和共性鲜明，人们对管理人才和管理能力的社会需求又特别强烈。因此，选择管理领域作为开发通用能力的实验场所是非常适当的。

管理领域已经有了很多的职业特定能力的标准、考试和证书，如营销师、会计师、统计师、物业管理师、人力资源管理师、企业信息管理师等[②]。然而，在管理领域有没有超越这些具体的特定知识和技能的通用性知识和技能呢？有没有一切管理者都应当共同具备的能力和才干呢？答案显然是肯定的。2002 年，中华人民共和国就业培训技术指导中心、劳动和社会保障部职业技能鉴定中心组织各界专家力量[③]，参照国外先进标准[④]，制定了我国第一个通用管理能力标准，把通用管理能力归纳成四种主要功能模块（自我发展管理，团队建设管理，资源使用管理，运营绩效管理）和两个层次（基础级和综合级）。现在，用于通用管理能力培训和认证的第一批教材和课程已经开发成功，正式面世。关于通用管理能力的评估、考核和测试的工作也在积极准备中。这是一个开创性的尝试，是非常有意义的理论和实践创新。

---

① 2020 年，国家发布的职业资格已发生变化。

② 2020 年，人力资源和社会保障部统一鉴定的项目已发生变化。

③ 许多专家和专业组织为这项工作的开展作出了努力，特别是北京天向互动教育中心作为通用管理能力开发的主要技术支持单位作出了重要贡献。

④ 我国通用管理能力的开发，借鉴了国外先进理念、技术和方法，特别是新闻集团 TSL 教育公司为本项目提供了重要资源帮助。

众所周知，通用管理能力的概念，在全球范围内提出的时间并不长，尽管各国都在进行相关研究，但是，在通用管理能力的内涵、范围、种类和影响等一系列基础性问题上，现在还没有完全统一的意见。况且管理本身既是严谨的科学，又是迷人的艺术：作为科学，它有自身的规范；作为艺术，它又无常法可循。无疑，我们今天提出的标准、编撰的教材、开发的课程都需要经受检验，都将不断改进、不断发展。实践是检验真理的唯一标准。中国的通用管理能力的培训认证只能走和中国管理实践活动紧密结合的道路；它们的成功与否也将唯一地取决于中国的管理实践。

　　坚冰已经消融，道路已经开通，中国的通用管理能力开发迈出了自己坚实的第一步。我们相信它将为我国管理人才的培养，企业效率的增长以及整个国民素质的提高作出自己独特的贡献。

陈　宇　教授

原中国就业培训技术指导中心主任

原劳动和社会保障部职业技能鉴定中心主任

前　言

一、项目介绍

现代社会中，个人的综合能力和素质是一个人职业生涯发展的基石，决定其一生成就的高低。为了适应现代社会高效率、多元化特点，从业者的职业生涯发展需要从强调单纯的工作技能，即"一专"，转变为全面提升个人的综合能力素质，即"多能"。这个"多能"，必须能通用于不同职业，必须能适应现代社会从业者面对的多变的社会环境和频繁的工作变换。通用管理能力，作为一种超越于某个具体职业与行业（如市场营销、人力资源等）特定知识和技能的，在不同职业群体中体现出来的，具有共性的管理技能和管理知识，由此应运而生，并日益受到社会的重视。具备通用管理能力的通用型人才，也日益为国内外企事业单位所青睐。

在职业活动中，具备通用管理能力的人才必须能够有效地设计达到目标的步骤，有效地规划自我活动和团队活动，有效地控制自我行为与调控团队行为，有效地组织和调动各类可控资源，有效地与团队一起成长并带领团队腾飞。无论你是普通职员，还是经验丰富的职业经理人；无论你埋头于具体事务，还是在政府或大型企业中使用和调动各种资源，都需要具备一定的管理知识与管理能力，掌握一定的管理技能和管理方法，并结合自身专业能力的不断提升，来实现个人的职业发展。

2002年，由中华人民共和国劳动和社会保障部（2008年与中华人民共和国人事部整合为中华人民共和国人力资源和社会保障部）职业技能鉴定中心组织、天向互动教育中心从具有全球影响力的新闻集团 TSL 教育公司引进并整合开发的通用管理能力课程体系，便是这样一个适应现代社会职业发展与人才培养需求的有效工具。

该课程体系融合西方最先进的管理理念，经过众多著名跨国公司的管理实践而得以改进与完善，为大量国外一流公司和大学所采用，是打造应用型职业经理人和增强职场竞争力的最有效工具。在保留原课程体系精粹的基础上，国内数十位管理学专家、学者与一线管理人员对原课程进行了精心的本土化改造。改造后的课程体系充分考虑了中国的管理实情与需求，是中国管理界迄今为止最为系统、最具实践指导意义的管理培训课程。同时，它采用了国际上先进的互动式、情景式、案例式和训练式的教学方法，真正实现了理念先进性和操作实用性的完美结合。

在此基础上，中华人民共和国劳动和社会保障部职业技能鉴定中心出台了国内第一个以管理水平为导向的从业者管理技能标准，正式将通用管理能力纳入管理培训认证体系。这套认证体系的推出，为我国各行业的广大从业者和准就业人群提供了一个全面学习基础管理知识和技能、提高职业素质和就业能力的机会，以使他们能够成为国家行业发展中所需要的具有通用管理能力的人才，有助于提升中国企事业单位管理层的管理能力与管理素质，培养并发展中国的高素质职业管理团队。

在本课程体系的编译过程中，中华人民共和国劳动和社会保障部职业技能鉴定中心、中央广播电视大学（已于 2012 年 7 月 31 日正式更名为"国家开放大学"）、中央广播电视大学出版社（已更名为国家开放大学出版社）、清华大学出版社、天向互动教育中心和通用管理能力教材编审委员会的人员付出了大量的心血，许多国内外管理教育学者、专家给予了悉心指导和热情帮助，限于篇幅，不能一一列出。在此，我们谨对所有关心和支持通用管理能力课程体系的各界人士表示由衷的感谢！

二、内容结构

《资源与运营管理》（第四版）（上、下册）是根据《通用管理能力教学大纲》的要求编制而成，上册由清华大学出版社出版，下册由国家开放大学出版社出版。本套教材内容充实，在正文阐述的基础上，按照知识点逻辑，配有案例、训练、测评等内容，可读性强，兼有知识性和实用性。行文逻辑与单元思维导图相对应，通过学习目标、学习指南、关键术语与本章小结、思考与练习等要素前后呼应，有头有尾，形成完整的知识结构链，为学习与应用提供明确的导引。

在第三版教材的基础上，第四版教材做了如下改进：第一，梳理了单元考核知识点，形成了思维导图；第二，加入了"延伸与拓展"元素；第三，更新了案例；第四，加入了二维码，扫码可观看单元简介、视频课程及答案要点。

本书是《资源与运营管理》（第四版）的上册，由招募并留住伙伴、财务表现、工作环境、资源配置四个学习单元组成。

我们都知道企业发展的基础是人力资源，人力资源管理是管理者必须掌握的技能。为企业挑选合适的人才、保证工作岗位的人员充足和使自己员工的能力得到更好发挥是招募并留住伙伴这一单元所讲述的内容。本单元以一个新员工如何进入企业的全过程为例，按"招聘前的准备—面试和甄选—新员工的就职安排—新员工的发展"这条主线安排内容。这些内容都是管理者所必须具备的基本知识。通过本单元的学习，管理者能够掌握人力资源招聘中各种技巧和方法，提高选拔和管理人力资源的能力。

正确的财务预算和分析能够降低组织的成本，减少资源浪费。管理者应该具备基础的和关键的财务知识。财务表现这一单元讲述了财务管理方面的基本概念和基础知识，包括成本、预算和财务分析等。通过这些知识的学习，管理者能够阅读和使用工作中用到的各种基本财务报表，合理进行财务预算，从而作出更加科学有效的决策。

重视职工的工作环境，将会减少公司遭受损失的机会，减少由于事故和风险对企业资源和员工造成的负面影响。管理者必须理解保证员工健康和安全的重要性，必须了解国家有关员工健康和安全生产的法律法规并能够将其应用到实际的工作当中去。工作环境这一单元即讨论此方面的问题，主要内容包括安全和健康观念、法律规定及实际操作中的问题。通过本单元的学习，提高管理者判断事故、评估风险的能力，有效避免工作中可能遇到的风险，提高资源使用的效率。

资源配置是资源使用管理的核心。任何一个社会实体要想生存和发展下去，必须具有人、财、物三个基本的条件，而如何配置好这些资源将是其中的重中之重。只有把人力、物力、财力进行合理的配置和使用才能使资源运用效果最大化。资源配置这一单元的内容包括资源管理、资源计划、组织资源和资源控制。

三、资源特点

本课程的教学资源包括：文字教材、视频课程、期末复习指导及形成性考核和远程在线学习资源。各个教学资源相辅相成，由知识点串联，逻辑清晰，针对性强。

文字教材是本课程的主要教学媒体，学习的主要内容来源于文字教材。文字教材内容充实，既有一般阐述，又有案例引导，还有训练与练习，可读性强，兼有知识性和实用性。文字教材中引用的一些案例对学习者学习和理解课程内容有很大的帮助。文字教材使学生能够系统地掌握实用的管理知识和技能，并有机会在实践中加以练习与运用，将知识、技能、能力科学地衔接起来。

视频课程是本课程多媒体教学资源的重要组成部分。视频课程和文字教材既相互联系又互为补充。专题的内容基于文字教材，但又突破了文字教材的局限，有助于学习者开拓思路。

本课程还设计了期末复习指导及形成性考核用于指导学习者自主学习。其内容包括学习方法、学习步骤、练习题、模拟题和实践与实训的样题分析，以帮助学习者尽快了解本课程的主要内容，有的放矢地进行学习，从而获得最佳的学习效果。

此外，本课程在"国开学习网"上设置了视频专区，学习者可以在互联网上直接观看一些教学录像。同时，本课程还设置了网上讨论区，不管是教师还是学习者都可以在讨论区发言、讨论，进行学习交流。

四、学习导航

本课程体系的最大特色是提供了大量的应用指导和练习，这些内容有助于学习者将管理的概念和知识应用于实践。

课程中的训练活动多种多样、形式各异。有些训练活动以日常工作为基础，需要学习者将理论应用到实际工作中去；还有一些训练活动要求学习者将管理概念应用到案例研究中去；另外一些训练活动则要求学习者对新概念加以思考，检查自己对新概念的理解是否正确，或者对这些新概念应用于具体环境时的可行性加以评估。这些活动还将为学习者提供在"安全环境"（培训模拟环境）中应用各种管理技术的宝贵机会。

考虑到本课程体系自身的特点，为了让学习者快速地掌握整套书的结构和内容，我们专门设置了学习导航，指导学习者阅读和学习。

前　　言：概括了本书的篇章结构、内容顺序及相互之间的联系，帮助学习者掌握全书的知识脉络。

单元简介：概括每一个单元的主要内容，明确本单元讨论的主题。

思维导图：按照单元—章—节—考核知识点的结构，展示了清晰的行文逻辑。

学习目标：列在每一章的最前面，指明该章节中的知识和需要掌握的程度。

学习指南：指导学习者了解每一章的主要内容。

关键术语：提示每一章的关键点，帮助学习者把握学习重点。

正　　文：按照学习目标，展开的关于理论、方法、技巧等知识的详细论述。

步骤与方法：针对重要的知识点，给出在日常管理活动中常用的工具、方法和技术手段。

训练与练习：紧密结合上下文的知识点，通过思考及训练，解决实际问题，帮助学习者进一步理解并掌握书中的内容。

案例与讨论：给出与正文内容相关的案例，引导学习者进行讨论，然后解决案例中的实际问题，并给出指导和总结。

评测与评估：针对知识点进行测评，一般以选择题方式进行。这种评测可以帮助学习者在学习中对自己的能力作出评估。

延伸与拓展：为了使学习者更深层次地了解相关知识技能，加入经典理论和学科前沿知识介绍。

本章小结：对每个章节的内容进行回顾，强调知识点中的重点和难点。

思考与练习：学完每一章节的内容后，学习者可以验证自己对知识点的理解程度，找出没有理解的知识要点，以便更好地掌握所学知识。

实践与实训：综合单元内容，将学过的管理工具及解决方法模拟应用于工作或生活中。

单元测试：按单元进行自我测试，可以帮助学习者对学习效果作出一个初步的判断，以便进行下一步的学习。

学习网站：http://www.ouchn.cn。

通用管理能力教材编审委员会
2020 年 10 月

目　　录

XV

第Ⅰ单元　招募并留住伙伴

　　决定企业未来发展最关键的因素是什么？吸引人才，留住人才——这是一个非常务实的答案。在企业的发展过程中，人才是最根本的资源。如何为企业选择合适的员工，并通过给他们创造各种机会和条件使其能够安心工作，这是现代企业管理必须重视的一个问题。如果你是一个企业的管理者，你将如何吸引人才，如何选择适合自己企业发展的人才，如何留住有用的人才呢？

　　在本单元，你将有机会认真思考这些问题，例如，企业招聘的一般流程是怎样的，招聘过程中的相关法律规定有哪些，如何建立工作描述和人员规范，如何对应聘者进行测评；面试的准备工作有哪些，在面试中应该注意哪些问题；如何设计员工就职安排，如何为新员工安排合适的指导伙伴；如何让新员工安心工作，如何处理好新老员工之间的关系，等等。本单元结束时，你将掌握如何为企业吸引人才和如何成功地留住有用人才。

招募并留住伙伴
- 1. 招聘过程
  - 招聘概述
  - 招聘规划 —— 确定招聘规划的步骤
  - 职位说明书
    - 工作描述
    - 人员规范
    - 任职资格
  - 招聘方式和渠道
  - 选择应聘者
- 2. 面试技巧和甄选过程
  - 面试的准备工作
  - 面试方式的选择
    - ★ 面试的不同组织形式
    - ★ 非结构化面试和结构化面试
  - 面试中的提问 —— ★ 面试时应避免的问题
  - 正式录用的决定
- 3. 员工就职安排
  - 就职导向安排 —— 新员工第一天需要被告知的事项
  - 就职过程 —— 就职过程中包括的基本信息
  - 安排指导伙伴 —— 安排指导伙伴
- 4. 员工的发展
  - 如何留住员工 —— ★ 如何让员工安心工作
  - 正确处理新老员工的关系
  - 全程关注新员工的发展 —— 如何关注员工发展

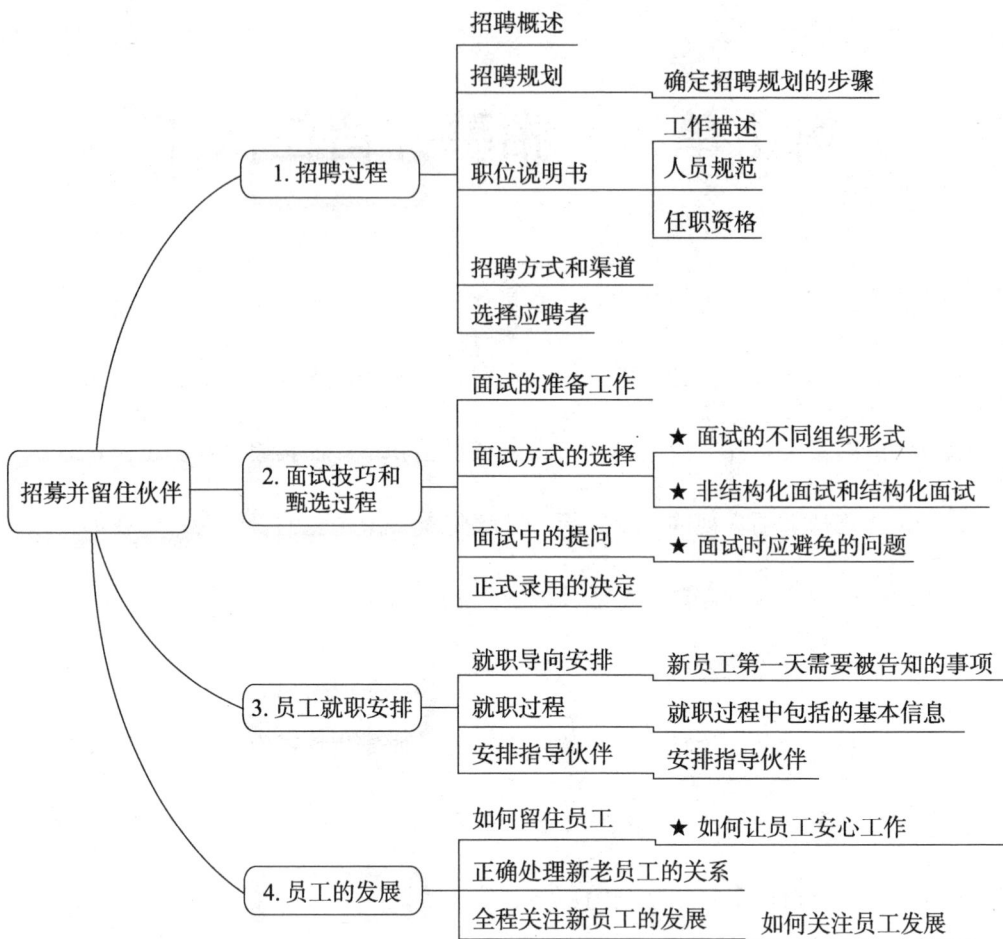

★代表本部分是案例重点考核内容。

扫描二维码，学习本单元概况。

第 1 章　招 聘 过 程

学习目标

1. 了解招聘的相关法律和招聘流程的各个阶段；
2. 了解招聘规划的步骤；
3. 掌握测试应聘者和网络招聘的注意事项；
4. 掌握招聘广告的撰写与发布；
5. 重点掌握职位说明书的主要内容。

学习指南

人才是企业发展中最根本的资源。如何找到合适的人并且为他们的工作创造各种有利条件是企业发展过程中必须解决的问题。总体来讲，招聘和留住员工是企业人力资源管理部门的专门工作，但是作为团队领导，秉承办事公道的原则参与到这个过程中也非常重要。团队领导必须在招聘过程中发挥关键作用，包括：向主管经理建议本部门正常运行所需的员工数目；向主管经理和人力资源部门建议所需人员的类型以及技能、知识、资格和经历的要求；帮助准备招聘资料，如广告和招聘简章；帮助决定应聘者名单；参加面试并帮助选出恰当人选。本章将详细讨论这些任务。

关键术语

招聘　招聘规划　职位说明书　招聘广告　网络招聘

1.1　招聘概述

1.1.1　招聘中的法律规定

在招聘过程中，必须注意整个过程符合法律规定且遵循公平公正的原则。无论是草拟职位说明书，还是发布空缺职位的招聘广告，或者在面试时提问以及作出决定，所有的过程都需要非常谨慎，如果不了解与招聘相关的法律，极有可能在无意中触犯法律。实施和参与招聘的人员并不需要成为一名法律问题方面的专家，但是必须了解某些基本规定，以免自己的言行或决定无意中触犯法律。

首先是歧视问题。招聘中的歧视包括：种族歧视、性别歧视和残疾歧视，这些都是被禁止的。我国实行的《劳动法》（2018）中规定，劳动者就业不因民族、种族、性别宗教信仰不同而受歧视；男女有平等就业权利；残疾人、少数民族人员、退出现役军人的就业，法律、法规有特别规定的，从其规定。这是世界范围内的惯例，例如英国的《平等法案》(2010)、美国的《反就业歧视法案》（2014）等均有此规定。国外关于反对招聘中歧视的规定非常严格且处罚力度大，这一点值得我们借鉴。

其次是在招聘过程中需要保护就业者的合法权益。我国的《劳动合同法》（2013）规定：在招用劳动者时应当订立合同、告知工作条件、约定报酬；不得扣押身份证或者其他证件、不得要求担保金等名义的财物。

最后是保护童工。童工问题依旧是世界范围内的严重问题，国际劳工组织在2002年设立了世界无童工日，呼吁各国关注并采取有效的措施解决这一问题。我国的《劳动法》（2018）中规定，禁止用人单位招用未满十六周岁的未成年人（文艺、体育和特种工艺单位招用未满十六周岁的未成年人，必须依照国家有关规定履行审批手续，并保障其接受义务教育的权利）。

下面的案例与讨论提供了几个具体的例子，有助于你更加重视这方面的问题。

4

案例与讨论　招聘中的歧视

案例一：

郭经理面试了一位来应聘行政前台的人员，对方负责考勤及办公用品采买分发。实习期间，这个新员工按照公司规定进行了入职体检，查出了乙肝"小三阳"。郭经理害怕被传染，于是找各种借口，不与他签订劳动合同。

案例二：

小利和同学一起去面试，吴经理让他俩回去等消息。不久，同学收到通知被录取了。小利心想，自己的成绩和表现都比同学好，一定也能留下。结果，她落选了，因为公司里都是当地人，而小利是外地的。

案例三：

凯文的腿部有残疾，行动不太方便。他坐着轮椅去应聘一份文字录入的工作，却被拒绝了，因为那是一家快递公司。

问题：

思考以上案例，想一想这些行为会引起什么样的问题？是否违反了法律规定？

> **总结：**
>
> 《中华人民共和国就业促进法》（2015 年修正）第三十条规定：用人单位招用人员，不得以是传染病病原携带者为由拒绝录用。但是，经医学鉴定传染病病原携带者在治愈前或者排除传染嫌疑前，不得从事法律、行政法规和国务院卫生行政部门规定禁止从事的易使传染病扩散的工作。因此，郭经理的做法已经违法了。
>
> 吴经理作出决定的假设是：出生于同一地区的人能够更加团结，这种假设本身就是不合理的，他很可能有地域歧视。小利提出了劳动仲裁，一年后吴经理被口头警告。
>
> 凯文虽然腿脚行动不便，但是完全可以胜任文字录入、接打电话等行政工作。如果他应聘快递员，不予录取是正当的。拒绝他从事文字录入工作，则是快递公司的歧视行为。凯文将公司告上了法庭，得到了相当数额的赔偿。
>
> 这几个案例虽然比较特殊，但还是具有一定的代表性。目前在我们国家，对于招聘中的歧视问题已经有相关法律规定。因此提醒大家，在招聘过程中，必须保证依法行事。

1.1.2　招聘流程

不管在招聘和选拔工作中具体承担什么责任，都需要完整了解该过程，需要知道该过程的每个阶段都涉及什么任务。通过下面的介绍，你可以对招聘的整个过程更加了解。

步骤与方法　招聘流程

图 1-1 的"招聘过程流程图"显示了一个完整的招聘过程：从制订招聘规划开始，到总结招聘选拔过程，再回到制定招聘规划，到总结招聘选拔过程，再回到制订招聘规划，你需要确保在恰当的时间成功地招聘到合适人选，这需要对整个过程进行监控。一旦出现问题，就可以马上作出相应的调整，这是相当重要的。

在整个招聘过程中，公司要始终坚持办事公道、行为合法的原则。其中，办事公道一方面表现为对所有应聘者平等对待、一视同仁，无论其贵贱高低，都提供优质服务，待之以礼；另一方面表现为在职业活动中处理问题时公平、公正、公开。

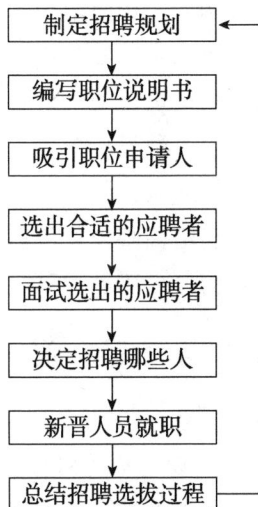

```
┌─────────────────┐
│   制定招聘规划    │◄──┐
└────────┬────────┘   │
┌────────▼────────┐   │
│  编写职位说明书    │   │
└────────┬────────┘   │
┌────────▼────────┐   │
│  吸引职位申请人    │   │
└────────┬────────┘   │
┌────────▼────────┐   │
│  选出合适的应聘者  │   │
└────────┬────────┘   │
┌────────▼────────┐   │
│  面试选出的应聘者  │   │
└────────┬────────┘   │
┌────────▼────────┐   │
│  决定招聘哪些人    │   │
└────────┬────────┘   │
┌────────▼────────┐   │
│   新晋人员就职    │   │
└────────┬────────┘   │
┌────────▼────────┐   │
│ 总结招聘选拔过程  │───┘
└─────────────────┘
```

图 1-1　招聘过程流程图

1.2 招聘规划

有些时候，企业中有可能会出现一些空缺职位，却无法从组织内部挑选到合适的人来填补。在这种情况下，一些企业可能不在事先做任何打算，而是等到一旦这类职位空缺出现之后，才想办法找人来填补它。事实上，对于大企业和那些管理人员来说，做适当的招聘规划是十分必要的。

步骤与方法　确定招聘规划的步骤

第一步：确定招聘的人数和岗位

团队所需的员工数目取决于多个因素，最重要的因素可能是费用。某个团队应该有多少员工，一般由公司整体战略决定。但是，团队领导在这方面的意见非常关键，因为他们对团队的工作和运行情况最了解，他们最清楚需要多少员工才能够保证完成团队的任务。

第二步：选择招聘的方式和渠道

招聘的方式和渠道有许多，常见的有：（1）猎头公司；（2）报纸广告；（3）互联网；（4）招聘会；（5）员工推荐。

第三步：确定招聘时间

例如：校园招聘、秋后招聘、人事机关规定的时间等。

第四步：发布招聘信息

公司可以通过各种媒体平台来发布招聘信息，例如招聘平台、报纸、政府网站、公司主页、散发传单等（内容详见 1.4 "招聘方式和渠道" 介绍）。

第五步：制定招聘预算

制定招聘预算包括：招聘广告预算、招聘测试预算、有关差旅预算、中介服务预算、文件与办公用品预算、人工成本预算等。

训练与练习　思考招聘人数的问题

问题：

1. 设想你的团队中有两名成员因个人的原因要离职，那么，他们所承担的工作怎么办？你是否需要马上向人事部门报告你的招聘计划？

2. 假设主管经理告诉你，她无法保证这两个离开的人都能有新员工来接替，因为公司需要压缩人员编制，裁员是肯定的，要么在你的团队，要么是别的团队。在这种情况下，你能向她提供什么信息，以帮助她决定你的团队是否需要重新招聘人员？

总结：

1. 当公司需要招聘员工时，高级管理部门可能需要你提供如下信息：

（1）团队工作的紧张程度；

（2）保持工作效率和服务水平面临的问题；

（3）工作模式和从事项目的变化，可能意味着需要更多的人员（即便是短期）；

（4）维持工作效率需要如何调整轮班制度。

2. 主管经理要利用你所提供的这些信息来评估公司（或部门）的整体需求。由于招聘和培训员工都要花去大量的时间，因此公司的人力资源政策是：

（1）比较雇员人数标准与企业目标。如果公司计划扩展，那就需要招聘更多的人；

（2）在付出和所得之间适当地平衡。如需要保证一定的服务标准，就必须增加员工数量；

（3）调查劳动力供应情况以了解有多少人可满足公司的需求；

（4）研究技术的使用对所需的员工数目会造成何种影响。

另外，如果发现本部门人手短缺，团队工作无法达到所规定的标准时，就要立即向主管经理汇报。如果不能及时处理的话，团队成员疲于满足客户的需求，那么产品和服务的质量就会受到影响，反过来也将影响公司的整体运营效率。

1.3　职位说明书

当你去一家公司面试人力资源相关职位的时候，也许你会问面试官这样一个问题，"贵公司各岗位设置有职位说明书吗？"回答"有"的话，最起码该公司还是有基本的人力资源管理流程的；若是"没有"，说明该公司人力资源部门的职能工作在一定程度上还不到位。为什么这么说呢？因为职位说明书是人力资源管理所有职能工作的前提和基础，只有做好了此项工作，才能有效完成具体的现代人力资源管理工作，才能有助于人力资源规划的编制，才能有助于员工的目标管理和绩效评估。

<u>案例与讨论</u>　如何编写职位说明书

问题：

下面是人事主管为将要招聘的设计排版文员写的一份职位说明书，仔细阅读，看该职位说明书的信息是否齐全。如果不齐全，你认为如何修改会使其更加完善？

职位说明书

工作名称	工作地点	工作单位	部门/事业部
文员（设计排版）	朝阳区办公楼	科技有限公司	运营拓展部
工资范围	**工作时间**	**直接主管**	**学历**
人民币 6000~8000 元	早九晚六双休	华北大区经理	专科

工作职责

1. 负责公司平面宣传材料的设计与制作工作；

2. 根据业务需要，协助业务部门制作 PPT 等演示文件；

3. 负责公司官方网站及微信等新媒体宣传的设计、维护与更新；

4. 参与制订公司运营推广方案，进行公司品牌建设与宣传，完成公司宣传推广工作。

岗位要求

1. 大专及以上学历，专业不限，设计类专业优先；

2. 有较强的视觉审美能力及设计创新能力；

3. 熟练使用 Office 办公软件（尤其是 PPT）、PS、Illustrator、InDesign 或 Premiere 等设计常用软件；

4. 具有良好的领悟能力、较强的团队协作精神，工作细致，责任心强；

备注：请在投我公司简历的同时附带个人作品。

总结：

职位说明书的编写并没有一个标准化的模式，但大多数职位说明书都包括一些必备的内容：

- ○ 职位标识：职位编号、名称、类别、所属部门、直接上级、所辖下级、制作日期等；
- ○ 职位概要：用一句话说明为什么要设置这一职位，目的是什么；
- ○ 履行职责：主要应负的责任，每一项责任的具体内容，以及要达到的目的；
- ○ 业绩标准：业绩衡量标准，如何衡量每一项责任的完成情况；
- ○ 工作关系：报告对象、监督对象、合作对象、外部交往、职位关系；
- ○ 使用设备：使用的主要设备；
- ○ 工作的环境和工作条件：时间、地点（室内/室外）、噪声、危险等；
- ○ 任职资格：任职资格要求，具备何种条件的人适合承担这一职位；
- ○ 其他信息：主要挑战、决策和规划等。

　　编写职位说明书并没有一个标准化的模式，除主要内容（例如职位标识、职位概要、履行职责、业绩标准、工作的环境和工作条件、任职资格等）以外，可根据企业具体情况加以调整，以适应企业人力资源规划的需要。

1.3.1　工作描述

　　工作描述是人力资源部门最重要的文件，它是关于某个职位所从事工作的目的和应该承担的责任的详细总结。工作描述必须包括下面的元素：

- ○　该项目工作的主要目的：用一句话描述；
- ○　该项目工作的主要任务：描述时使用动词开头，如撰写、负责、承担等；
- ○　该项目工作的工作范围：详细介绍所管理的人员数目、向谁汇报、所承担责任的等级等。

案例与讨论　预料之外的变化

　　春节期间，发生了一件不幸的事，小宇妈妈脑出血了，从此以后，日常生活都需要别人帮助。为了能照顾妈妈，他不得不重新找一份离家近的工作，就向旁边的快餐连锁店提交了工作申请。一个月的实习期很快过去，小宇以绩效第一名的身份入职了这家店。在不影响工作的情况下，他终于可以有更多时间照顾妈妈了。

　　好景不长，第二个月，一家新店开业，小宇被派过去做拓展工作，但是新店离他家很远。虽然领导很器重他，但是通勤时间太长，违背了小宇当初换工作的初衷，他只得又一次辞职，重新找工作。后来小宇得知，他们那一批新人原本就是为新店预备的，入职前就已经注定不会留在原来的店里。小宇很懊恼："如果早知道是这样，我就不会选择这个工作了。"

　　问题：

　　这个案例中应聘者不满意的是什么？招聘中应该如何避免这类问题？

　　总结：

　　案例中，因为工作地点发生变动引起了不好的结果。在招聘时最好能够预先想到可能会有的变化，并且要及时更新信息，这样才不至于给自己和别人带来不必要的麻烦。招聘中的工作描述需要注意以下重点：

- ○　招聘后，该项工作是否有变化，是否需要承担新责任或新任务；

○ 使用的技术是否有变化，员工是否需要掌握不同的技能；

○ 工作模式是否发生了变化，是否有机会实行弹性工作制度、兼职或工作分担措施；

○ 在不远的将来可能发生的其他变化，特别是可能对员工造成影响的变化。

1.3.2 人员规范

人员规范是用来描述从事一项工作的理想人选应该具备的基本（或必要的）技能、能力和知识。

设定的人员规范要与该项工作的需求密切相关，这是非常重要的。如果将人员规范定得过高，所聘用的人可能会以为该项工作有很高的挑战性，一旦该项工作的挑战性不像他们预计的那样，他们就可能会因为失望而离开。同时要注意，人员规范不能在性别、残疾等问题上具有歧视倾向。

理想的人员规范应该具备以下要点：

○ 与该项工作直接相关的技能、知识和能力——应该与该项工作相关，而不仅是一份"有关期望的罗列"；

○ 应聘者应具备的工作经验及其类型——给出该项工作要求的有关工作经验和时间等详细说明；

○ 与该项工作相关的个人品质或个人情况的详细信息——要确保你所说明的事项没有歧视社会的某一群体的成分。

如果有现成的人员规范，就需要检查这些规范是否是最新的，是否把相关的所有变化都考虑进来了，并且检查它是否真实反映了团队的需求：

○ 是否需要添置新技能、新资格或新能力；

○ 是否需要用这个空缺职位来填补团队中刚好存在的技能或知识空缺。

1.3.3 任职资格

加雷思·罗勃茨说过："资格"这个术语是用于描述所有与相关的个人品质、知识、经验、技能。

许多公司将任职资格（技能、知识和行为）作为招聘、评估和培训员工的基础，他们认为任职资格是有效完成某项工作的前提。任职资格的内容包括：

○ 决定该人选擅长该项工作的各种因素；

○ 该人选能取得卓有成效结果的品质和行为。

通过为每一个工作角色制定出相应的资格标准，在招聘过程中就可以有目的地选择最合适的人选。基于职位申请人的资格，有目的地去挑选合适的应聘者，将有助于整个挑选过程的公正和准确。这样做的话，工作和人能够实现比较好的匹配，所以就可能挑选到最合适的人，这些人能很快投入工作，并且一般很少会辞职。因此，从长远角度来说，这样的招聘实际上能够节约招聘开支。

在对任职资格的描述中，每一种资格都描述了为实现某一关键目标对相关人员的要求。表 1-1 是某公司客户服务人员的任务资格描述。

表 1-1　人员目标与资格对照表

关 键 目 标	资　　格
为客户创造价值	○　能够提供一流的客户服务； ○　能够处理好与客户的关系
为公司增加利润	○　能够提供客户的忠诚度； ○　能够进行交叉销售（即向拥有本公司某款产品的客户推销本公司其他产品）
与同事一起工作	○　能够与团队一起开展工作； ○　能够激励他人
卓有成效地工作	○　有效地使用信息； ○　熟练地使用计算机系统

每一种任职资格都有其核心行为和角色行为：

○　核心行为：描述了不管从事何种工作，所有员工都应具备的行为方式；

○　角色行为：描述了某一特定级别的员工证明自己资格的方式。例如，团队领导者要比其他人（如客户服务助理）具有更为广泛的团队技能。

训练与练习　职位说明

问题：

（1）填写表 1-2，为自己的工作写工作描述、人员规范和任职资格。

表 1-2　职位说明

项　　目	描　　述
工作描述	
该项工作的主要目的	
该项工作的主要任务	
该项工作的范围	

项 目	描 述
人员规范	
技能、知识和能力	
经验	
个人品质和情况	
任职资格	
核心行为	
角色行为	

（2）写下你认为应该包含在工作描述中的其他内容。例如，在不远的将来，部门是否可能发生变化，哪些变化将影响你对该项工作的描述？

总结：

一份准确的工作描述是建立人员规范的基础。你需要在招聘前对招聘职位进行认真的分析，写出完整和准确的工作描述。

人员规范必须给出做本项工作所需要具备的知识、能力与经验要求。你还需要思考你所建立的人员规范与该项工作现存的人员规范相比有何差异，是否把相关的所有变化都考虑进来了。

任职资格需要根据职位的关键目标对资格进行具体描述，并且区分核心行为和角色行为，方便招聘及考评时客观地评价人员与职位的匹配情况。

通过确定任职资格，就能建立准确的工作描述（内容详见1.3.1"工作描述"介绍），在工作描述中可以概述应聘者应具备的技能、知识。在面试期间，应该有针对性地询问一些任职资格问题（内容详见2.3.1"对核心资格的提问"介绍）。如果公司已经有了基于任职资格的招聘系统，团队领导就需要向部门主管（可能是人力资源部门）或管理该系统的人咨询，这种咨询将获得更好的效果。

延伸与拓展 人职匹配理论

职业心理学家帕森斯提出了特性—因素论，明确了职业指导三步骤：第一步，对应聘者的生理和心理进行评价；第二步，针对不同职业的要求进行分析；第三步，人—职匹配，两方比较。

霍兰德创立了人格类型理论，进一步发展了人才测评的方法。他在《职业人格》一书中，描述了六种人格类型及对应职业，分别为现实/实际型（R）、调研型（I）、艺术型（A）、社会型（S）、企业型（E）和传统/常规型（C）六种类型。在霍兰德职业兴趣测试中，根据得分排名前三的类型，匹配相应的职业。

——Jeff Deniels. 职业生涯规划：概念知识手册[M]. 北京：清华大学出版社，2009.

1.4　招聘方式和渠道

一旦制定了职位说明书，确定了工作描述、人员规范和任职资格要求，接下来要做的就是通过一定的招聘方式和渠道，公布空缺职位的信息，以吸引合适的职位申请人。

在决定要采取何种招聘方式和渠道前，首先需要思考一下公司发布空缺职位的常用方法，分析这些方法是否多样化，是否能吸引足够数量的职位申请人。招聘信息的发布方式在很大程度上取决于该项工作的级别。例如，在一些公司里，基础职位可能通过本地媒体或就业服务中心发布，然而一些高层管理职位则可能会通过在全国性的新闻媒体发布广告或通过猎头公司来寻找合适人选。

公司发布空缺职位信息的方式有许多，例如刊登招聘广告、寻找专业的猎头公司等，具体来说包括以下几种：

步骤与方法　发布空缺职位的方法

○　公司内部招聘
○　海报或广告：在单位门口或展板张贴海报，或者在公交车、办公楼、户外墙面等发布广告
○　就业服务中心或职业介绍所
○　商业代理机构
○　专业猎头公司
○　全国性或本地报纸、期刊及电台等媒体
○　互联网：公司网站、招聘网站、公众号等媒体
○　学校就业服务处：校园招聘多针对在校学生及毕业生
○　口头传播：利用自己的人际关系，推荐亲朋好友或相识的人参加应聘

"口头传播"有时是找到恰当人选的好方法，因为通过这种途径，消息被限制在一定的范围内传播，得到消息的这些人对公司和公司的员工已经有一定的了解，可以有针对

性地吸引职位申请人。但是，该方法限制了宣传的范围和职位申请人的数量，也并不是没有缺点的。

目前，国内最经常使用的方式是在网络上发布招聘广告，下面是一家通信公司客户服务中心的招聘广告示例。

案例与讨论　招聘广告

短视频后期编辑（专、兼职均可）

专职薪资：8 000~10 000 元

技能要求：PR 软件、后期编辑、视频剪辑

工作内容：

1. 根据策划方案及脚本对视频素材进行剪辑、配音、字幕、特效处理等，按时保质保量地完成相关视频作品。

2. 建立维护视频素材库，收集相关的视频素材和其他资料，定期整理、备份及存档管理。

3. 参与配合视频前期创意分享、文案策划、脚本撰写，进而对视频录制流程、后期制作和剪辑风格等相关的工作提出问题和建议并不断改进。

4. 完成领导安排的其他工作任务。

任职要求：

1. 专科及以上学历，广告、摄影、动画等相关专业优先，有美术基础者能力者优先。

2. 熟悉后期视频剪辑制作，熟练运用 Adobe 的 PR、AE 等视频后期软件，会基础调色及 luts 调色。

3. 自制内容视频平台深度用户，脑洞大，会玩梗，懂 BGM，能够把控对应平台画风。

4. 需有 3 个月以上短视频行业的剪辑经验。

5. 需将成熟的能展示视频制作能力的作品和案例链接附在简历内。

问题：

这个广告的关键信息是什么？有无歧视倾向？

参考上文中的广告形式，为你自己现在的工作岗位或团队中可能需要招聘人员的岗位写一份招聘广告，思考在广告中必须包括的信息（注意：广告中不应有歧视性语句，且广告中应该简单陈述公司将提供公平竞争的机会）。

> **总结：**
> 　　此广告包括了招聘中的基本信息，较好地使用了避免产生歧视的语言。
> 　　自己编写招聘广告时，也需要遵守法律，坚决杜绝歧视语言，另外，必须根据职位说明书来完成招聘广告的撰写。

　　互联网的日益发展使得用尽量低的成本、在最大范围内寻找合适人才成为现实，网络招聘也成为一种新兴的招聘途径。

训练与练习　网络招聘的形式和要注意的问题

问题：

○　你所在的公司现有的网络招聘形式有哪些？实际应用中这些网络招聘形式有何突出优势？

○　如果你要在网络上给公司发布人才需求信息或搜索求职者信息，你会选择什么样的网络途径？你考虑的主要因素是什么？

○　你所在的公司有自己的主页吗？主页上是否有本公司的招聘信息？点击率如何？点击率高或低的主要原因是什么？

总结：

○　现代公司现有的网络招聘形式有：设立公司主页、使用专业招聘网站、搜索职业猎头网站、在公司的官网发布招聘信息、在一些访问率较高的热门站点（诸如知名搜索引擎、免费电子邮箱、个人主页、综合资讯娱乐服务网站等）或自媒体上宣传公司形象并吸引人才。

○　企业在选择专业招聘网站时要注意以下问题：

　　（1）招聘网站覆盖全国许多大中城市，会有很大的传播面；

　　（2）招聘网站的点击率高，"人气旺"；

　　（3）招聘网站的数据库越大，企业可供选择的对象也就越多，成功率也就越高。

　　为了吸引求职者登录公司的网站，公司应该不断更新网站内容，并且应该在网站上设立招聘专区。

延伸与拓展　撰写招聘信息的技巧

> 　　无论是在网络招聘还是线下招聘，招聘信息是吸引应聘者的首要途径。想要吸引适合的人才来应聘，在撰写招聘信息时可以运用一些技巧。

○ 标题具体：标题是最先吸引人注意力的信息，应聘者是否能继续看信息的具体内容，与标题有很大关系。职位名称要具体描述，让人看一眼就明白大体的工作内容，还可以简单写工作性质和待遇。

○ 语言简练：把职位说明书一股脑复制粘贴到招聘信息上的做法是不可取的，提炼出应聘者感兴趣的内容，以简单扼要的方式表达出来。

○ 公司信息：列举公司的亮点，突出表现公司或项目的优势。

○ 工作职责：精确描述日常工作，并且强调岗位必须应用的技能，善于专业术语。

○ 薪酬福利：这部分是应聘者相当关心的内容，给出一个大致范围的薪酬，结合实际情况展现福利待遇，能够吸引更多人才。

○ 联系方式：地址、电话、联系人、邮箱、微信、QQ 等，都可以作为联系方式，让有兴趣加入的人更快投递简历。

——贺新闻. 招聘管理[M]. 北京：高等教育出版社，2016.

1.5 选择应聘者

在制定了招聘规划、编写了职位说明书、吸引了足够数量的职位申请人后，公司要开始对所有的申请人进行筛选，从中选出合适的应聘者，通知其参加面试（详见第 2 章阐述）。

1.5.1 筛选申请人

在制定了工作描述、人员规范和任职资格（参见 1.3 "职位说明书"介绍）后，根据一定的选择标准，就可以在所有的职位申请人中挑选出哪些人可以参加面试。

在决定参加面试的应聘者名单时，有两种可供选择的标准：

○ 基本标准：应聘者必须具备这些技能、知识、能力或经验，才能够正常完成工作；

○ 优先标准：如果应聘者具备了这些技能、知识、能力或经验，对开展工作是非常有帮助的，但是没有这些能力也能正常完成工作。

这两条标准是非常有用的，因为：

○ 依照标准，公司能够缩小选择范围，避免选择了并不适合该职位的人进入面试；

○　能够快速、公正地选出最终应聘者。如果申请人数量很多，开始时可以只考虑那些具备所有基本标准的人，然后继续考察其中满足大多数优先标准的人。

你可以通过下面的训练与练习思考招聘中选择应聘者的标准。

训练与练习　招聘的标准

问题：

根据你所在团队可能需要招聘的职位，确定在筛选职位申请人的时候应该采用哪些标准，你认为哪些标准是基本的，哪些是优先的？完成表1-3。

表 1-3　招聘标准表

基 本 标 准	优 先 标 准
（1）	（1）
（2）	（2）
（3）	（3）
（4）	
（5）	

总结：

你所描述的标准应取决于不同岗位的不同要求。例如，表1-4是一家园艺中心筛选服务助理职位的申请人时所选择的基本标准和优先标准。

表 1-4　招聘服务助理的标准

基 本 标 准	优 先 标 准
（1）在客户服务方面至少有一年的经验；	（1）具有零售经验；
（2）高中或以上的文化程度；	（2）在礼仪或园艺方面有一定的知识或经验；
（3）身体健康，能够搬运重物；	（3）具备处理客户咨询和投诉的经验
（4）具备团队工作技能；	
（5）能够在周末工作	

1.5.2　测试申请人

有些公司在挑选可以进入面试阶段的职位申请人时，会运用一些初步的测试方法。远程面试和评估中心也可以看作是对应聘者的测试。首先，远程面试为公司了解这些申请人的基本沟通技能提供了很好的机会。然后，顺利通过第一次远程面试的职位申请人将进入评估中心。需要注意的是，评估中心并不是一个场所，而是一个过程，在该过程中雇主可以详细考察职位申请人的知识、技能和能力。

下面的案例与讨论是某航空公司招聘客户管理职员时，该公司设置的评估中心的简要内容（历时一个上午）。

案例与讨论　评估中心测试

金融公司通过一家专业的招聘公司完成了对职位申请人挑选过程的第一阶段。然后，它们开始组织评估中心——在这之前，这个招聘公司的人已经知道了金融公司需要什么类型的人才。这个公司在测试申请人方面经验丰富，方法很多。经过测试之后，它把所有申请人的测评分数递交给金融公司，由金融公司的人力资源部门负责人从中选出可以参加面试的人选。

以下是公司测评中心的测试内容：
- 09：30—10：00　计算和逻辑推理测试
- 10：00—10：30　团队活动（用以评估团队和组织技能）
- 10：30—10：45　休息时间
- 10：45—11：15　写作测试（用以评估读写能力）
- 11：15—11：45　实践测试

问题：
1. 你在招聘过程中是否对职位申请人进行了初步的测试？由谁来完成这项测试工作？
2. 仔细阅读测试内容，看其设计是否合理，如何改进。

总结：
1. 你完全可以利用外部的专门机构来完成测试申请人这个环节，因为它们更专业、富有经验。要注意的是，一定要让它们知道你到底需要怎样的人才。
2. 根据测试的评分结果，便可以选择所有职位申请人中的一小部分人参加面试。

延伸与拓展　评价中心

评价中心是一种包含多种测评方法和技术的综合测评系统。一般而言，它总是针对特定的岗位来设计、实施相应的测评方法与技术。通过对目标岗位的工作分析作业，在了解岗位的工作内容与职务素质要求的基础上，事先创设一系列与工作高度相关的模拟情景，然后将被试者纳入该模拟情景中，要求其完成该情景下多种典型的管理工作，如主持会议、处理公文、商务谈判、处理突发事件等。在被试者按照情景角色要求处理或解决问题的过程中，主试者按照各种方法或技术的要求，观察和分析被试在模拟的各种情境压力下的心理、行为表现，测量和评价被试的能力、性格等素质特征。

评价中心是多方法、多技术的综合体，从测评的形式来看，广义的评价中心包含了传统的心理测验（评价被试的人格、能力、职业兴趣等特质）、面谈（主要是结构化面谈）、投射测验（评估被试的深层次人格特质、职业动机、职业价值观等）和情景模拟等。对国内外的大量的研究文献分析发现，实际应用领域特别是研究领域中的评价中心主要是指以情景模拟为核心的系列测评技术，是狭义上的评价中心。因此，根据被试应聘的或在职的工作岗位设计的各类相关情景模拟技术也就被认为是评价中心最主要的技术与方法，在本研究中所涉及的有关评价中心也是狭义范畴的评价中心。比较经典的情景模拟技术包括文件筐测验、无领导小组讨论、管理游戏、角色扮演等；其他的技术如案例分析、演讲、事实搜寻、情景面谈等也常常结合具体的实际需求加以应用。

——林忠，金延平.人力资源管理[M].大连：东北财经大学出版社，2015：115.
——全国经济专业技术资格考试研究院.人力资源管理专业知识与实务　中级[M].北京：清华大学出版社，2015：106.

19

1.5.3　寻找应聘者

有些岗位对应聘者的要求很高，尤其是专业技能和高管之类的人才，很难通过发布信息的方式在短时间内找到合适的人。而这类人才是业界广泛争取的人力资源，率先聘请高水平员工的企业，也离成功更进一步。为了抢到优秀资源，我们该怎么办呢？

想要让合适的应聘者了解到岗位的需求，就需要精准地找到他们，主动出击，表达企业对人才的渴求以及对他们的诚意。以下几个方法可以帮助我们尽快找到合适的高级人才：

○ 搜索简历：在招聘网站上输入特定关键词，在已更新简历的应聘者中搜寻符合条件的人。

○ 人才推荐：在职员工推荐自己的亲朋好友，或者不同公司招聘人员之间互相推荐。

○ 专业猎头：将需要寻找的人才条件及薪金待遇等信息向猎头详细说明，由猎头去寻找推荐相应的人才。

训练与练习　招聘过程任务与分工

问题：

填写表1-5以说明你所在公司的招聘过程。需要提醒的是，有些任务是由多人完成的。例如"确定团队中需要多少人"，这可能是一项涉及团队领导、部门经理、人力资源部门和高级经理的联合决议。填表的时候不要忘了自己在各个环节应该起的作用。

表1-5　招聘任务分工表

任　　务	所涉及人员的姓名和职位
制订招聘规划	
编写职位说明书	
撰写广告	
发布广告（如互联网发布）	
筛选初始申请人	
选出参加面试的应聘者	
面试应聘者	
作出最后决定	
通知应聘者有关决定及后续事宜	

总结：

做完这个练习，你不仅了解了公司的整个招聘过程，而且对各个过程由谁负责也更加清楚了。这样在实际的操作中就能够做到责任明确，从而圆满完成招聘任务。

本章小结

通过本章的学习，我们知道了与招聘相关的一些法规以及招聘规划的一般流程；重点掌握了招聘规划中办事公道的基本原则和如何建立职位说明书；还了解了筛选职位申请人的基本方法和网络招聘这种新兴的招聘形式。

思考与练习

1. 一般来说，招聘规划的步骤包括哪几个阶段？
2. 职位说明书包括哪些方面的内容？
3. 工作描述是什么？
4. 如何撰写人员规范？
5. 任职资格涉及哪些方面？
6. 常用的网络招聘途径有哪些？

第 2 章　面试技巧和甄选过程

学习目标

1. 了解如何确定合适的应聘者；
2. 了解从业人员的仪表规范问题；
3. 了解职场上常见的职场忌语；
4. 掌握面试前的准备工作；
5. 掌握面试中应该注意的问题；
6. 重点掌握如何选择合适的面试方式。

学习指南

招聘员工的时候，可以通过信件、申请表和电话会谈获得大量信息，但是最终还是需要通过面对面的交谈来更好地了解对方。几乎所有公司最终都会用到面试，这种方式提供给双方（企业和潜在新员工）一个相互评估的机会。本章主要介绍面试的整个过程和面试所涉及的问题。

关键术语

面试　面试方式　会议型面试　非结构化面试　结构化面试

2.1　面试的准备工作

面试某职位的应聘者时，需要确定五件主要的事情：

○ 应聘者仪表是否规范；

○ 应聘者是否能胜任这份工作；

○ 应聘者是否决定接受这份工作；

○ 应聘者是否能与团队的其他成员和睦相处；

○ 应聘者能给团队带来什么。

在开始面试前，要确定一些事项如：面试的时间、面试的地点等。负责面试的可能是由许多人组成的面试小组或者由某个人单独负责进行，这就涉及面试的组织方式问题，这将在 2.2 中重点介绍。

训练与练习　从业人员仪表规范

问题：

想一想你所在的公司在录取应聘者时是否考虑他面试当天的仪表情况，主要从哪几个方面来考察其仪表的好坏？

总结：

从业人员的仪表会给面试官留下最直观的印象，面试官在考虑是否录用应聘者时，也会受到他面试当天的仪表的影响，规范的仪表包括：

1. 良好的仪态包括站姿、坐姿、行姿、蹲姿等多方面，正确的仪态礼仪要求做到自然舒展、富有朝气、端庄稳重、和蔼可亲。

2. 仪容，通常是指人的外观、外貌。在仪容的修饰方面要注意四点事项：

其一，仪容要干净；

其二，仪容应当整洁；

其三，仪容应当卫生；

其四，仪容应当简约。

下面的案例与讨论说明了选择面试地点的失误和组织方式的不当都会导致面试出现不佳结果。

案例与讨论　面试地点和组织方式的选择

一进门，一堆杂物放散落在地，旁边的会议室里，十几台计算机和打印机放得七扭八歪。没办法，昨天才搬家，今天没收拾好也很正常。可是，在这种混乱的情况下，为什么要安排面试呢？小杨作为面试官，一头雾水地走进了会议室，坐在了刚刚完成笔试的应聘者对面。接下来的场面十分混乱，一会儿来搬打印机，一会儿来找插线板，一个同事问小杨看没看见他的计算机，又一个同事大吼一声，因为突然停电了……总之，面试不断被打断，半小时里，他们的有效沟通少之又少。应聘者虽然没有明确表示不满，但是刚进门的时候看见一片混乱，一度以为自己走错了房间。

问题：

这次面试的主要问题是什么，应如何避免？

总结：

面试中时间、地点及一些细节问题需要非常慎重地对待，否则会极大地影响面试结果。在选择面试地点的时候需要注意以下几点：

> 1. 房间环境良好，要宽敞，温度要适宜，且不受干扰；
> 2. 实际测试中用到的设备要准备就绪；
> 3. 如果要向应聘者提供本公司的信息或其他文档，务必事先准备好；
> 4. 所有应聘者都要在同一个或类似的环境中面试，以显示公平；
> 5. 根据公司的规模和参加面试的人数不同，对负责面试的人的安排也会有所不同。

2.2　面试方式的选择

面试是主试方与被试方双方面观察、交谈的双向沟通方式，了解应聘者素质状况、能力特征及求职应聘动机的一种人员考选技术。根据不同的划分依据，面试可分为不同类型。

2.2.1　面试的不同组织形式

根据具体形式的不同，面试可分为：

○　个别面试

在这种形式下，一个应聘者与一个面试人员面对面地交谈，而且个别测验可以使用多种工具，有利于双方建立较为亲密的关系，加深相互了解。但由于只有一个面试人员，所以决策时难免有失偏颇。

○　小组面试

通常是由两三个人组成面试小组对各个应聘者分别进行面试。面试小组可由人事部门及其他专业部门的人员组成，从多种角度对应聘者进行考察，提高判断的准确性，克服个人偏见。

○　成组面试

通常由面试小组（由 2～3 人组成）同时对几个应聘者（最好是 5～6 人）同时进行面试。在面试人员的引导下，完成一些测试和练习。在这个过程中，对应聘者的逻辑思维能力、解决实际问题的能力、人际交往能力、领导能力等进行测试，以便于作出用人决策。

○　会议型面试

由若干位企业代表会见一位应聘者。虽然对应聘者详尽的考察十分可信，但应聘者的紧张程度很高。

相对来说，小组面试要比一对一面试更为客观，这是因为通过面试作出的决定不完全取决于一个人的意见，但也带来花费时间较长、大家配合不好、分工不清的问题。尤其要注意面试过程不能围绕某个人来进行，否则就丧失了小组面试的优势。而一对一面试能产生更可靠、更有效的结果。要根据公司的规模和参加面试的人数来选择合适的面试负责人。

案例与讨论　小组面试的问题

　　新项目组成立了，明晓被任命为组长。一个关键技术需要招聘 IT 专业的人来解决，于是有了这次面试。总经理认为一号应聘者最合适，因为他曾经做过项目经理。招聘专员虽然态度上更倾向那个活泼的新毕业生，但是迫于压力只能附和总经理。对于那个表达不清的程序员，只有明晓强烈要求录用。明晓认为："毕竟他是应聘者中唯一有能力解决关键技术的人，而我才是未来和他一起工作的人。"

问题：
这次面试中，面试小组没有配合好的原因是什么？

总结：
　　小组面试可以更为客观，但也会带来大家配合不好、分工不清的问题。尤其需要注意的是在面试过程中不能围绕小组中某个人的意见来进行，否则就丧失了小组面试的优势。要想避免小组面试出现的问题，可以采用下面讲的结构化面试的方法。

延伸与拓展　远程面试

　　如果面试官和应聘者不方便同时出现在同一地点进行面对面的面试，那么远程面试是更好的选择方式。远程面试的方法很多，主要可以分为以下几类：

○　电话/语音面试：通过电话或者语音进行关键内容的问答。声音虽然可以获得详细信息，但是对表情动作的观察有所缺失，不适合做压力测试，无法从仪表体态上进行评价，对应聘者提供信息的真实性也很难判断。

○　视频面试：通过网络在线视频进行即时沟通。双方能够看到彼此的面部表情和一部分动作，从而减小沟通误差。

○　信息面试：通过短信、微信、邮件或其他社交软件进行问答。展示的信息方便存储，可以反复查看，但是过程缓慢，且可以有准备时间，因此真实性不能保证。

——王昆，张光旭. 远程面试的利弊分析[J]. 企业改革与管理，2007，(08): 61.

2.2.2　非结构化面试和结构化面试

根据面试中提问种类的不同，面试可以分为非结构化面试和结构化面试。

○　非结构化面试（Unstructured Interview）

非结构化面试也叫不直接提问型面试，在这种面试中，面试者会提出探索、无限制的问题。这种面试是综合性的，面试者鼓励应聘者多谈。非结构化面试一般比结构化面试耗时更多，且因应聘者的不同会获得不同的信息。

○　结构化面试（Structured Interview）

结构化面试又叫直接提问型或固定模式型面试，这种面试由一系列连续向申请某个职位的应聘者提出的与工作相关的问题构成。使用结构化面试由于减少了非结构化面试的主观性，从而提高了面试的可靠性和准确性。结构化面试的步骤如下：

步骤与方法　结构化面试的步骤

设计步骤：

第一步：分析应聘岗位对应聘者的素质要求

第二步：确定录用标准，设计面试问题

第三步：合理安排问题的顺序，确定由谁提问

第四步：明确评分标准和评分人，设计规范的评分卷

实施步骤：

第一步：建立融洽的关系阶段——提出一些随意的、无关工作的封闭式话题帮助应聘者放松心情

第二步：介绍阶段——最好提出两三个开放式问题，积极倾听应聘者的回答，作出初步判断

第三步：核心阶段——面试者根据工作要求和职责规定，提出素质考核问题，搜集应聘者技术、知识、行为和人际交往能力的信息

第四步：确认阶段——不再引入新话题，给面试者核实应聘者工作水平的机会

第五步：结束阶段——面试者确保提问涉及了辅助其作出聘任决定的全部信息，应聘者有最后展示自己的机会

下面的训练与练习可以帮助你熟悉结构化面试中需要完成的基本任务。

训练与练习　面试中的任务

问题：

每一次面试中你都应完成一些任务，这些任务你应该以一定的顺序来完成。根据你

认为最有效的面试顺序排列下列活动，1～11为活动标号。

表 2-1　面试中的任务

编　号	任　务	面试顺序
1	核对应聘者申请表或履历上的信息	（　　）
2	询问一些深层次的问题以进一步了解应聘者	（　　）
3	如果应聘者有面试支出，解释如何报销（此情况目前在国内还不普遍）	（　　）
4	向应聘者介绍面试过程	（　　）
5	带领应聘者参观办公地点	（　　）
6	感谢应聘者来参加面试	（　　）
7	告诉应聘者何时能出来结果以及使用什么方法通知他们	（　　）
8	询问应聘者是否对该项工作有兴趣	（　　）
9	提供有关公司和该项工作的背景信息	（　　）
10	解释工作期限和工作条件（包括薪资、假期、工作时间等）	（　　）
11	询问应聘者是否有疑问	（　　）

总结：

较为合理和有效的面试步骤如下，将你的答案与下面的清单进行对比，顺序可能稍有不同，但是基本结构应该是一样的。

4—5—9—1—2—10—11—8—7—3—6

延伸与拓展　无领导小组

　　无领导小组讨论是指由一组应试者组成一个临时工作小组，讨论给定的问题，并作出决策。由于这个小组是临时拼凑的，并不指定谁是负责人，目的就在于考察应试者的表现，尤其是看谁会从中脱颖而出，但并不是一定要成为领导者，因为那需要真正的能力与信心，还需有十足的把握。

　　无领导小组讨论（Leaderless Group Discussion）是评价中心技术中经常使用的一种测评技术，采用情景模拟的方式对考生进行集体面试。无领导小组讨论是通过一定数目的考生组成一组（6～9人），进行一小时左右时间的与工作有关问题的讨论，讨论过程中不指定谁是领导，也不指定受测者应坐的位置，让受测者自行安排组织，评价者来观测考生的组织协调能力、口头表达能力、辩论的说服能力等各方面的能力和素质是否达到拟任岗位的要求，以及自信程度、进取心、情绪稳定性、反应灵活性等个性特点是否符合拟任岗位的团体气氛，由此来综合评价考生。

　　——潘斌. 无领导小组讨论操作指引[J]. 人力资源管理，2008，（012）：51-53.

26

2.3　面试中的提问

面试中的提问很重要，必须能够反映该项工作的真正需求并有助于找到该项工作的合适人选。但是需要注意一点，就是要防止询问一些有歧视倾向的问题（参考 1.1.1 中关于招聘歧视的相关内容介绍）。任何涉及应聘者私生活并与工作无直接关系的问题都是不合适的。向每个应聘者询问同样的问题避免了无意中询问了不应该询问的问题，同时还保证了所有应聘者都受到了公平对待。

步骤与方法　招聘规范用语

专业的招聘者在与应聘者沟通时会使用规范的语言。规范的用语可以让应聘者更容易抓住重点，同时感受到被尊重。

○　面试邀请：您好！请问是某某吗？我是某某公司的小×，在某某处看到您的简历，请问您还在找工作吗？我们正在招聘某某岗位，请问您感兴趣吗？我们公司在某某处，请问交通上您觉得可以接受吗？关于具体职责和薪资，我们可以面谈，您在某月某日某时可以过来面试吗？

○　面试前：您好！您带简历了吗？请您先填一下表格，如果有问题可以随时问我。这位是 A 部门的 A 经理，有什么具体事项您可以和他谈。

○　面试中：请您先做一个自我介绍。关于您刚刚所说的……可以详细描述一下过程吗？我给您介绍一下咱们的公司、具体工作和福利待遇。您说自己符合……的要求，能举一些具体例子吗？您还有什么问题吗？

○　录取通知：欢迎您加入我们！请您在某月某日来公司办理入职手续，别忘了带证件、一寸照片、银行卡……

○　不予录取：很遗憾，在……方面我们没法儿满足您的要求，在……方面我们需要更专业的人来处理，这次就不耽误您的时间了，期待下次可以有机会合作。

案例与讨论　面试中不恰当的询问

上月底，我参加了一次面试，在面试中我被问到是否有孩子和抚养孩子的打算，我如实做了陈述。事后，我与另一位申请人交谈，我问他是否也被问到同样的问题，他说，并没有，很明显，面试官之所以向我提出这个问题，是因为他认为抚养孩子是女性的责任，很可能会因为这一点而影响他的选择。

27

问题：

这次面试中，面试官的提问存在什么问题？

总结：

在面试中应避免询问应聘者的问题包括：

1. 婚姻状况；

2. 民族或籍贯；

3. 身体状况（除非与将来承担的工作有直接关系）；

4. 年龄（尽管年龄歧视并不违法，但是一般认为将年龄作为招聘的决定因素是不合适的，应该根据完成该项工作的能力进行选择）。

2.3.1　对核心资格的提问

如果公司将任职资格作为衡量应聘者能力的主要标准，就需要考察应聘者是否真正具有他们所需要的资格。一般情况下应聘者的所有资格很难进行评估，因此可以将注意力集中在几个主要方面上。表 2-2 举例说明了在面试中如何根据问题确定应聘者是否具备相应资格。

表 2-2　面试中基于资格的提问

核 心 资 格	问 题 示 例
提供一流的客户服务	谈谈你提供的服务给客户留下深刻印象的经历； 为了了解客户真正的问题所在，你将提出怎样的问题？
处理与客户的关系	描述你让一位怒气冲冲的客户满意离去的情形； 你是如何与客户建立联系的？

如果要参与基于资格的面试，应该首先接受专业培训。在培训中能够对这种方法的具体过程和运行规律更加了解，并且学会从应聘者那里获得所需要信息的各种方法。下面的训练与练习要求你根据自己工作中可能遇到的基于资格的面试提出合适的问题。

训练与练习　资格面试中的提问

问题：

根据你所在团队计划招聘的职位，在表 2-3 中写出获得该职位需要具备的两个核心资格。为每个资格拟出两个问题，这些问题将有助于提供该申请人能够胜任该职位的依据。

表2-3　基于资格的面试问题

核 心 资 格	问　　题
	（1） （2）
	（1） （2）

总结：

通过设定关键问题，在招聘中可以很方便地了解应聘者是否能够胜任该项工作。同时，也要记得验证应聘者是否有该项能力，可以让对方举一些例子，或者通过专业测试来判断。

2.3.2　面试中的注意事项

在面试中，必须尽量保证自始至终都是公平的。人们或多或少都会受自己的意见和情感的影响，我们必须做到的就是将个人的影响最小化，并将注意力集中在为该项工作找到合适的人选上。这样就可以避免个人的判断在以后不会受到该职位主管经理的质问（有可能他认为你雇用新员工的理由是不正确的），或者避免应聘者对此次招聘提出质疑。

要做到整个面试过程的公平、公正，可以参考以下要点：

步骤与方法　如何保证招聘过程的公正

○　确保对所有应聘者采用相同标准；
○　所有人参加同样的测试；
○　向所有人问同样的问题；
○　对所有应聘者打分，使他们之间可以客观比较；
○　所有决定都必须是客观的；
○　保留有关应聘者的详细记录。

在面试中，有一些问题需要尽力避免，主要包括下面几点：

步骤与方法　面试时应避免的问题

（1）根据外表和言行贸然下定论

查尔斯·德·塔利兰德说过："不要相信第一感觉，第一感觉往往是错误的。"在应

29

聘者开口说话之前，他们的服装、仪容和姿态都会影响你对他们的看法，这种看法有时候是错误的。在面试的时候应该避免根据第一印象作出仓促判断。

（2）镜像效应

对一位与自己具有相似背景、外貌或言行的应聘者不自觉地产生好感，或者对自己不喜欢的人产生坏印象，这就会阻碍自己作出正确判断的能力。

（3）作出错误假设

根据应聘者以前的经历对其作出某种不切实际的假设。例如，一位应聘者说他（她）喜欢做填字游戏，你就认为该应聘者的推理能力强，文字能力也不错。但是应聘者也许没说，尽管他（她）喜欢做填字游戏，但是从来都不能很好地完成它。

（4）太随意

气氛过于友好和不正式，以至于面试结束时根本没有了解应聘者是否能够完成该工作。

（5）疲劳因素

一天不要面试太多的人。如果一次面试很多人，到最后的时候就会厌烦。

（6）说话太多

如果想评估某人是否适合某项工作，就需要努力倾听。在良好的面试过程中，应聘者的谈话应该占到 70%。

（7）减少行话

过多的行话会给应聘者造成压力，尤其是那些对技术术语不熟悉的人。在面试过程中的言谈要通俗易懂。

上面总结了在面试过程中容易出现的一些问题。需要强调的是，在对招聘职位进行描述的时候最重要的是真实。如果应聘者能对工作情况有真实的认识，比他们进公司以后感到失望或受欺骗好得多。下面的训练与练习要求你思考在面试过程中需要提供哪些信息，通过这个练习，你可以深入体会招聘面试的整个过程。

训练与练习　面试中需要交代的信息

问题：

你认为在面试中应该让应聘者了解哪些有关工作的信息？

总结：

你的答案应取决于不同招聘职位的具体要求。但是必须使应聘者清楚一些重要的信息，如该项工作的工作时间、职责要点和相关责任。其他应该在面试时提供的信息还包括新员工应该达到的目标、绩效的评估方式、晋级前景以及现行的奖励制度。还应该告诉应聘者本公司的文化是什么类型，最重要的规则是什么等信息。

2.4　正式录用的决定

如果对所有应聘者都询问了同样的问题并采用了同样的评价标准，那么当面试完所有人之后，应该对最合适的人选心中有数了。比较难以处理的情形是：两个应聘者的分数基本相同，而空缺职位却只有一个，这时要做决定就有些困难。

这时，不管自己是面试小组的一员还是单独一人进行面试，问自己如下问题：

（1）在对该项工作最重要的标准或资格方面，哪一位应聘者得分最高；

（2）哪一位应聘者最能证明自己能够胜任工作。

尽量保持客观很重要，但是在本阶段，如果两个应聘者的能力基本相同，就得使用主观判断了。花一些时间来判断哪一位应聘者更适合团队？哪一位更容易共事？详细记录自己是怎样作出决策的，并妥善保管记录。

2.4.1　核查资料

在作出选择之后，团队领导和主管经理或人力资源部就需要核查所选定的应聘者们的资料并与他们签订合同。也许有人认为，核查资料只是一种形式，有的公司甚至忽略了这个步骤。其实，核查资料是非常重要的，核查资料的过程将使应聘者在面试过程中提供的虚假信息得到澄清，使你的决定更加客观。

步骤与方法　核查资料过程中需要注意的事项

在核查资料的过程中需要注意下面所列举的问题：

（1）确保应聘者知道资料将被核查，并将此写在申请表中；

（2）在向应聘者现在的雇主核查资料的时候，务必取得应聘者的许可，因为有的应聘者可能没告诉现在的雇主说他们在找新工作；

（3）在请求核查的资料中附带一份工作描述，这样被咨询的人就知道你需要核查的资料是什么了；

（4）询问与绩效、工作态度等相关的细节问题，不要询问应聘者的个人信息；

（5）将资料放在应聘者的档案中——但是要保证档案是机密的，不会被其他人看到。

2.4.2　签订工作合同

在核查完应聘者的资料并确定雇用他之后，就需要与雇员签订工作合同，合同应该包括以下细节：

（1）职位名称；

（2）一些相关条件，如通过体检；

（3）工作时间和工作地点；

（4）薪资、奖金、养老、假期权利等；

（5）何时开始工作；

（6）成为正式员工之前的试用期。

同时也需要和落选者联系，感谢他们对此职位的兴趣并适当解释他们落选的原因。

延伸与拓展　知识产权归属

> 对于涉及核心技术，尤其是高新技术的工作来说，员工研发的产品或技术的知识产权需要进一步明确。这就需要在工作合同中进行清晰的划分，同时还需要对核心部门成员签订保密协议，以确保公司利益，避免因核心技术泄露造成的严重损失。
>
> ——国家知识产权局网站：http://www.sipo.gov.cn.

下面的评测与评估将测验你对面试的态度和行为，这个测验帮助你确定自己是否是一位有效的、能够胜任的面试官。

评测与评估　评估你的面试能力

问题：

你在面试中表现怎样？阅读以下陈述（见表 2-4），并进行评分（对每个问题的评分标准为 1～4 分）：1——非常赞同；2——赞同；3——不同意；4——强烈反对。

表 2-4　面试能力评估表

面试官表现	评　分
我很快就对他人作出结论	
我不喜欢会谈中出现冷场	
对于在年龄、口音、服装等方面与我相似的人我更有好感	
我认为了解应聘者的住址和家庭是非常重要的，因为这些情况会影响到他们的工作	
我认为大多数人在填写申请表的时候都夸大了自己的能力	
我坚信资格比经验更重要	

续表

面试官表现	评　　分
我认为面试应该是相当流畅的，不要提出难以回答的问题	
如果用等级评分来评估应聘者，我会聘用得分最高的人	
我坚信如果可能应该在同一天面试所有应聘者	
我认为核查资料并不重要——我更相信自己的判断	

总结：

将你的得分累加起来：

○　如果你的得分在 10~19 分：你更相信直觉而不是事实。这不是在招聘面试中最有效的方法，即使你的直觉非常好。因为你的个人倾向决定了你会排除某些并非没有能力的人。你需要采用更加结构化的面试方法，以便每个人都能得到公平的机会。

○　如果你的得分在 20~29 分：你有点理论和实际相脱离。你知道为什么面试要公平，但是有时你个人的意见或情感占了主导地位。这不一定是件坏事，但是要注意你的每项决定都必须依据事实。

○　如果你的得分在 30~40 分：你不太相信直觉，你可能很熟悉结构化的面试系统，你也知道自己的决定要基于逻辑而不是情感。你需要注意的是不要太严格，偶尔也可以相信自己的直觉。

本章小结

本章详细讨论了面试的整个过程，包括面试前的准备工作，如何选择合适的面试方式，在面试中如何提问，如何回避面试中可能出现的问题以及在作出决定后还需要做哪些工作等。学习完这些内容之后，你需要结合自己的工作，把这些知识和技能运用在工作中，切实提高自己这方面的技能和能力。

思考与练习

1. 按照不同的分类方式可将面试分为哪几种方式？分别列举其优劣势。
2. 结构化面试的步骤是什么？与非结构化面试有什么不同？
3. 在面试的过程中，面试人员应该避免怎样做，才能使面试能够顺利地进行？

第3章 员工就职安排

学习目标

    1. 掌握为新员工安排指导伙伴的方法；

    2. 重点掌握新员工就职导向活动的安排。

学习指南

    为团队找到了合适的人选，他们被正式录用后，就会进入团队并开始工作。这时候就需要团队领导做更多的工作。不管公司采用结构化的就职程序还是其他非正式的方法，团队领导都要帮助新员工尽快进入角色。本章将研究新员工在适应期的种种情况。

关键术语

    就职引导 就职程序 就职安排 指导伙伴

3.1 就职导向安排

新员工对公司的第一印象非常重要。如果他们感到孤立或受排挤，他们对公司和员工的看法就会改变，就需要花很长的时间适应团队，甚至会无法胜任工作，认为进入公司是个错误的决定。

下面的案例与讨论是一位团队领导对自己第一天参加工作的回忆。

案例与讨论 就职回忆

洋洋填完一张表格，叹了一口气，又继续填下一张。从早上开始，她和另一位新员工已经奋笔疾书两个小时了。身边的同事来来往往很多人，并没有人理他们。没想到，一个裁缝办个入职这么麻烦。

经过一上午的努力，洋洋终于办完了所有入职手续。人力专员把一大摞填好的表格拿走后，就再也没回来过。一位自称是项目组长的领导让她马上缝完一件衣服的扣子，她一边干一边心想：总算是开始正经工作了。刚做了一半，一位老员工又给她安排了另一件衣服，接着又不断有其他人来增加她的工作量，而且还都是着急的活儿。

她又叹了一口气，不知道自己能在这个混乱的地方干多久。

问题：

你是否有过和案例中的人一样的经历？你是否从中看出就职安排的重要性？

总结：

新员工参加工作的开始总会面临许多问题，又要适应环境，又要面临新的要求和挑战。因此，一个考虑周到的就职安排是非常重要的。

在实际情况中，有些事项是必须在新员工上班第一天就告诉他们的，包括以下几个方面的内容。

步骤与方法　新员工第一天上班需要被告知的事项

（1）向他们提供公司的有关信息、公司的结构和运作情况；

（2）公司的办公区域安排；

（3）解释他们的工作是如何与公司业务结为一体的；

（4）将他们介绍给经理和同事们；

（5）填写档案和其他的职工登记表等。某些公司会安排人力资源部门的人负责此事；

（6）解释公司的规定、纪律和投诉程序；

（7）提供健康、安全和灾难意识方面的培训。

有些信息应该以书面方式提供，这样，新员工今后可以查阅。要注意一些次要细节同样具有很重要的意义，如洗手间和餐厅的位置，餐厅对员工是否有优惠政策，等等。下面的训练与练习帮助你熟悉基本的就职引导应该包含的内容。

训练与练习　就职引导

问题：

用下列表格（见表3-1）记录怎样将新员工介绍给公司，怎样进行每个阶段——他们需要参加讲座、参观其他部门、参观办公楼吗？每个阶段由谁负责？

表 3-1　就职引导安排表（1）

就职任务	方　　法	负责人
了解公司		
了解各自的工作及其在公司中的位置		
向同事和经理介绍		

35

就职任务	方　法	负责人
工作中的琐事		
概要介绍公司的规章制度		
健康和安全培训		

总结：

就职引导的内容取决于工作的内容。上面所列举的是最基本的内容，在实际工作中还需要确定由什么人、以什么方法来做这些工作。

3.2　就职过程

就职过程从新成员进入办公楼之前开始。许多公司向员工提供就职信息包，信息包中包括一些基本信息，如：

○　办公楼平面图——这样他们不会迷路；

○　工作介绍——介绍员工的工作内容；

○　薪资的详细情况——付薪时间、假期；

○　工作的有关条件和工作场所的主要规定；

○　档案记录等相关文档工作。

以下是两个来自不同百货公司的零售业员工的经验，你可以结合案例思考怎样的就职导向更好。

案例与讨论　就职过程

○　案例一（超市小张陈述）：

第一天早晨，我们这一批新入职员工与经理谈了话、参观了整个超市，下午我们学习如何进行现金、刷卡及移动支付。第二天，我们进入各自的部门，从此就在团队领导的指导下在店堂内开始工作。到第一个周末，我们都可以独立工作了。我们人手一本公司手册，手册上介绍了我们需要了解的有关公司和公司运作方式的信息。

○　案例二（某百货公司小李陈述）：

由于许多新员工要同时进入岗位，因此前三天有非常细致的就职程序。每天都被分成两部分内容，一半时间学习公司及所销售产品的有关知识；另一半时间我们在培训室里练习使用收银机和POS机，并熟悉自己的客户服务技能。第二周当我们开始工作的时候，每天我们留出一个小时进一步学习如何处理投诉、如何管理库存。这是一种有效的学习方法，因为我们可以非常迅速地掌握基本知识但又不会造成信息过量。

问题：

上面两个案例有什么不同，哪个更好，为什么？

总结：

在设计就职导向安排的时候应记住两个重要因素：

○　一次不要覆盖太大范围——新员工不可能一次记住你所说的全部；

○　让新员工尽快开始工作，即使是让他们做一些相当简单的任务，他们也会感到自己有所贡献。

训练与练习　回忆你的就职导向

问题：

想一想你刚工作时的第一周，当时你的就职是怎样安排的（见表3-2）？哪一部分安排得比较好？你能想出一些改善的方法吗？

表 3-2　就职引导安排表（2）

就职时间表	安排的内容	改善的方法
第一天		
第二天		
第三天		
第四天		
第五天		

总结：

每个人可能对自己刚参加工作的经历记忆较深，通过另一个角度思考你工作时单位就职导向做得如何，可以帮助你更好地理解这个过程的要点。

3.3　安排指导伙伴

显然，要团队领导一直负责管理新员工是有点难度，因此可以考虑在头几周为新员工安排一位"指导伙伴"。在新员工上班之前，应该安排好接受这份工作的志愿者，并与志愿者一起研究整个就职程序。

指导伙伴应该是了解整个就职程序的人，他（她）应该具有这样一些特点：

（1）冷静——当自己承担的工作量使他们难以和新员工相处的时候，他们不会慌张；

（2）耐心——能够不厌其烦地重复某些信息；

（3）自愿——他们愿意扮演该角色。对他们来说，这是发展培训和顾问技能的良机；

（4）积极——挑选那些真正喜欢团队工作的人，否则新员工会对企业留下负面印象。

安排指导伙伴的工作非常重要，做不好还会事倍功半。下面的案例与讨论就说明了这样的道理。

案例与讨论　安排指导伙伴的失误

> 第一天上班就被安排了很多活的洋洋，加班一周才做完所有工作。到了第二周，公司终于安排了一位老师傅作为她工作的指导伙伴。老师傅技术非常强，在缝纫的各个步骤都有自己独到的秘诀，对洋洋很有帮助。只是有一点，让洋洋拿不准是不是要继续干下去。老师傅唠叨各种公司传闻，老板勾搭新前台，财务为境外大佬洗钱，经理安排自家亲戚吃空饷，组长克扣组员奖金还甩锅……洋洋越发觉得这个公司不靠谱，虽然自己很喜欢现在的工作内容，对工资待遇也很满意，但是这么多负面消息，这个公司能发展下去吗？
>
> **问题：**
>
> 这位老师傅是否能成为新员工就职中的好指导伙伴，为什么？
>
> **总结：**
>
> 选择合适的指导伙伴非常关键，他们应该具备上面所列举的优点。在决定指导伙伴人选的时候，需要同他谈谈要做的事并交给他一张主要任务的书面列表。这样一来他就对需要注意什么、不需要做什么都很清楚了。扮演指导伙伴可以增强团队成员的责任感，并让他们有机会亲自从事培训和发展工作。

有时候，仅仅安排指导伙伴还不够，有些新员工需要你为他们安排额外的支持，否则他们自己的工作就会受到影响。下面的训练与练习将讨论对新员工额外支持的问题。

训练与练习　额外的支持

问题：

某些新员工在就职期间可能需要额外的支持。你觉得什么样的人需要额外的支持？你能向他们提供什么额外的指导？在此记下你的想法。

总结：

下面这些类型的人在就职期间需要额外的支持：

○　刚刚开始参加工作的毕业生。尽管看上去他们很热心，但是大多数毕业生在刚开始工作的时候还是很紧张的。这种紧张可能以过度兴奋、无法遵从指导或非常害羞等形式表现出来。对这些初参加工作的人要非常耐心，尤其应该注意健康和安全教育，因为年轻人对工作场所的危害可能知之甚少，只有使他们知道所有的规定，他们才能明确知道应该有什么样的行为和态度。

○ 下岗后重返工作岗位的人可能会感到焦虑不安。他们可能不会马上习惯重新参加工作，需要向他们提供必需的培训和额外的帮助，这样他们就能加快适应的速度。

○ 残疾员工可能需要专用设备或通道，也可能还有一些其他的需求。团队应该为他们的工作创造便利条件。

就职引导不仅是告诉员工关于工作的一些细节，这还是一次难得的机会，可以利用这个机会衡量新员工的能力并考察他能做些什么，可以利用这次机会调查他需要什么样的培训和发展，以及他能为团队作出什么特殊贡献。

下面提供了一个例子，请你根据前面学习的内容，回答问题并思考就职引导需要完成的任务。

评测与评估　就职引导安排

问题：

下面是一个关于就职引导安排的测验（见表3-3）。邓女士要加入团队，面对如下情形，你会如何应对？

表 3-3　就职引导安排测验

1. 邓女士报到的那天早上，你要：
A. 确保团队的所有成员都参加与邓女士的见面会
B. 让接待员等邓女士一到就通知你并亲自与她见面
C. 让人力资源部门照顾邓女士
D. 忘了她要来——你要做的事情实在太多了
2. 邓女士没有准时到，你将：
A. 决定解雇她，第一天就迟到绝对不能容忍
B. 继续工作
C. 往她家里或者手机上打电话看看是不是被什么事耽误了
D. 再等她几个小时，如果午餐之前她还没到，你就要解雇她
3. 下午火警演习的铃声响了。你将：
A. 自己逃命
B. 找到邓女士，确保她了解火警演习并带她到逃生通道
C. 让团队的其他人照顾她
D. 什么也不做，因为每周一下午都有一次火警演习

4. 在邓女士上班的第一天早晨，你要：
A. 将她介绍给团队的其他成员
B. 将她介绍给邻座的同事
C. 将她介绍给团队的其他成员和部门经理
D. 避免将她介绍给任何人——她是来这里工作的，不是来社交的

5. 下午晚些时候，你发现邓女士在洗手间哭泣。你会：
A. 假装没看见她，并走开
B. 告诉她要振作起来
C. 问她是谁让她心烦的，你要把这个人揪出来
D. 告诉她你一会再过来，你们将随便谈谈

6. 邓女士在打电话，而且明显是一个私人电话。你将：
A. 让她私下来见你，然后告诉她上班时间不允许打私人电话
B. 大声告诉她不允许打私人电话，这也能让团队的其他人知道这个规定
C. 忽视——她很快就会了解公司的规定
D. 第二天给她一个书面警告

总结：

现在核对你的答案。

1. B——尽管你很忙也要亲自迎接邓女士。你是团队领导，她需要知道你是支持她的。好好安排一下你的工作时间表，这样在她第一天上班的时候，你要挤出时间和她在一起。

2. D——不要反应过度。如果邓女士被堵在地铁里或交通阻塞了，她也许没有时间和你联系并解释自己要晚点到。如果午餐时间她还没到，你就可以打电话，看看她为什么没来。

3. B——邓女士一到就应该接受健康和安全的培训。培训包括告诉她火灾出口并解释火灾演习。但是，你应该对她负责——在上班第一天的一片混乱中，她也许忘了自己应该做什么。

4. C——通过将邓女士介绍给可能会经常接触的人——包括老板在内，会让她有一种亲切和归属的感觉。

5. D——邓女士在上班第一天快结束时哭泣暗示她在工作中可能碰到麻烦。给她点时间让她平静下来并和她进行私下谈话，尽量找出她感到烦恼的原因，而且第二天早上的第一件事就是去看看她。在她适应之前，你可能需要多给她一些个人关照。

6. A——不要在她的同事面前让她难堪。她也许真的不知道自己违反了公司的规定，向她解释工作中能做什么、不能做什么，并确保她有一份有关规定的书面副本。

到此为止，你已经学习了新员工就职引导中应该包含的内容。你该继续思考如何进一步帮助员工开发自己的潜力，使他们能够提高其工作绩效。在这之前，你需要将前面学习过的内容总结一下，下面的训练与练习帮助你思考在具体的就职引导中应该如何作出安排。

训练与练习　就职程序

问题：

你已经回顾了自己的就职过程并认真思考了怎样对其进行改进。现在，你就可以为团队的新成员拟订理想的就职程序。将你认为能帮助她尽快适应的所有事项都写下来，列出能用于就职每一个阶段的方法以及就职程序的每一个部分应由谁负责（见表3-4）。

表 3-4　就职程序分配表

就职阶段	方　　法	负责人
第一天		
第二天		
第三天		
第四天		
第五天		

总结：

通过完成这个练习，你可以将前面讲授的内容贯穿起来，为团队新成员的就职设定一个引导程序。这个程序可以指导你做哪些任务，使用什么方法来确保整个就职过程顺利有效。

本章小结

本章讲述了在新员工就职的第一天应该如何帮助他们，如何告知他们一些注意事项。详细讨论了就职导向活动和为新员工安排一个指导伙伴以帮助他们快速适应的方法。

思考与练习

1. 在新员工刚进入公司时，应该告知他们哪些方面的事项？

2. 就职过程中有哪些基本信息？

3. 在新员工进入公司时，应该找一个合适的人负责指导该员工，这个人应该具备哪些特点？

第4章　员工的发展

学习目标

1. 了解如何让员工安心工作；
2. 掌握如何处理新老员工间可能出现的问题；
3. 重点掌握如何全程关注新员工的发展。

学习指南

当从事一份新工作的时候，很多事情都是第一次经历的。新同事、新的工作环境、尽快适应工作的挑战，这些都让人激动。但是，几周过后，最初的兴奋已经无影无踪，新奇感消失了，进入到日复一日的工作中。本章将讨论新成员加入团队之后，如何帮助他们开发自己的潜力，如何规范和影响新成员的基本行为。

关键术语

员工的发展　员工关系

4.1　如何留住员工

4.1.1　员工离职的影响

所有公司都需要留住自己的员工。如果部门中有人离职，就必须找到接替其职位的人员，离职会对部门和组织造成一些影响：

○　聘用接替人员要花费一定成本；

○　要花一定时间让新员工适应；

○　在新员工适应前会影响团队的生产效率等。

4.1.2　如何让员工安心工作

在新团队成员逐渐习惯和适应工作之前，必须为他们创造一个和谐的工作环境，使他们能够在工作中身心愉快，从而安心工作，以免不能度过适应期而离职。

让员工安心工作需要给他们提供机会，这涉及工作、学习以及与同事的关系等各方面的因素。其中最关键的要点包括：

（1）团队：关系密切的团队，人们感到轻松自在。这样的环境有利于新员工长期稳定的发展，新员工不太可能出现离开的想法。随时随地尽可能地激励自己的团队，在他们表现好时不加掩饰的称赞是非常重要的。团队领导的态度非常重要，一位热爱本职工作的团队领导就是促进人们坚持工作的巨大动力。

（2）工作：尽量使工作丰富多彩、充满乐趣。面对挑战的时候，人们的响应将更为积极。应该在乏味的日常工作中增添刺激性的活动，使团队成员的日常工作多样化。也可以让团队成员在部门内流动并交换工作，可以让他们更多地参与并承担更多责任，团队领导需要不断回顾工作实践并寻找各种途径进行改善。

（3）培训和发展机会：没有人愿意自己的职业生涯一成不变，应该尽可能地为团队成员提供学习新技能的机会。

下面的训练与练习帮助你深入理解工作、学习以及与同事间的关系等各方面的因素对留住员工的重要作用。

训练与练习　让员工身心愉快

问题：

你自己的部门或公司有哪些重要因素能让员工保持身心愉快？长期服务的员工为什么会留下来？利用表 4-1 中的标题，将所有你认为重要的、有助于员工保持愉快的事项都记下来。例如，在"团队"标题下，你可能认为良好的关系以及定期的社交活动是将员工凝聚在一起的重要因素。在"培训和发展"标题下，你可能认为给员工提供自我发展的机会很重要。

表 4-1　如何使员工身心愉快

团　　队	工　　作	培训和发展

总结：

留住员工必须确保公司能够向员工提供良好的工作生活平衡。根据员工从事的具体工作类型，团队的成员需要有灵活的工作时间、工作分担，所有这些做法都能帮助员工尽职尽责，使他们更安心工作，从而获得高的绩效。

4.2　正确处理新老员工的关系

当有新成员加入团队的时候，老成员的思想会起一定的变化，这种情况是很正常的。任何形式的变化，即使是积极的变化也会让人们失去安全感。团队领导的工作就是让每个人都不会觉得新成员给他们带来了威胁；新成员也不会感觉受到团队的威胁，努力让新老员工彼此真诚相处，宽厚待人。

训练与练习　问题出在哪里

问题：

看看下面三个团队领导者描述的情况，每个问题的起因是什么？你会怎样处理？写下你的建议。

（1）团队领导张先生：我所在的团队成员间关系本来很密切，但上月苏女士的离职却带来不小的变化。艾女士接替了苏女士的职位，我感到团队的气氛有所变化。团队成员对艾女士彬彬有礼，但是谁都不想进一步了解她。

（2）团队领导李先生：孔先生上个月来到团队，他曾在另一家工厂担任督导，对工作很在行。他并没有表现出特别强硬和严格的态度，但是好像团队成员都对他小心翼翼，尤其是那些在公司工作了很长时间的人。

（3）团队领导赵先生：这是王女士的第一份工作，她成长很快，善于同客户打交道，但是团队的其他成员却和她关系不怎么样。她比大多数人年轻，但非常内向，休息的时候，常常独自看报纸。

总结：

下面是公司领导者们给出的建议，你同意他们的看法吗？

（1）新人被接受要花一定时间，尤其原先该岗位的成员是团队中受欢迎的成员时。但是不管怎样，苏女士的离职和艾女士一点关系都没有。私下和员工进行交谈是非常有益的，可以找出他们对艾女士态度的真正原因。

（2）团队成员受到孔先生的威胁。因为他经验丰富、工作出色，大家认为他一定会在将来领导整个团队，人们对此非常担心。解决这个问题，你可能要采取两手策略。首先，逐个找团队成员谈话，保证他们与孔先生之间没有什么矛盾。强调在奖金、提升和激励系统方面本部门是一律平等的。其次，你还要与孔先生谈话。他担任的是督导的角色，因此他应该清楚在团队中可能出现的问题，要清楚地表明其他团队成员是非常愿意同他合作和向他学习的，他也需要尽可能同团队成员打成一片。

（3）王女士年轻、没有经验、可能不受人重视。你已经为她安排一位指导伙伴了吗？如果没有，那么找最有经验的一位老团队成员，问问他能否关照王女士几周。这是增进她与同事之间关系、帮助她适应工作的一个好方法。

4.3　全程关注新员工的发展

员工适应新工作要花一定时间。如果认为在第一周正式就职之后，帮助新员工适应的所有工作就都已经做完了，这种认识是错误的。新员工熟悉日常工作并最终真正感到轻松自在，这可能要花几个月的时间。

在新员工开始工作后，需要在以后的几个月内继续监督他们的工作。如果公司有试用期，那么就需要观察和监督新员工的工作以确保他们适应并达到要求，如果没有试用期，仍然应该拟订监督的方案。可以参照下面的方法来进行。

步骤与方法　如何关注员工发展

○　监督员工并不意味着可以凌驾于新员工之上，等着他们犯错。在这个过程中，他们遇到问题的时候，应该帮助他们并教给他们更为有效的工作方法。

○　为员工预留一定的谈话时间，最好是非正式的，为他们提供探讨问题的机会。

○　不要忽视看上去无关紧要的问题。新成员不会使用复印机并不意味着他们是不合格的，这个信号可能表明就职培训的方法对他们不适用，或者因为心里有别的事，所以他们才没专心。

○　要清楚地表明，如果他们在工作中遇到了任何问题，谁可以帮助他们。

○　在对新团队成员深入了解之前要谨慎从事，要认真分析哪一种方法适用于他们。

步骤与方法　如何使新员工尽快适应新工作

○　注意观察。留心新员工不适应的迹象。

○　指导伙伴的关系要维持至少两个月，这样新员工在有困难时可以寻求帮助。

○　要耐心。新员工适应要花一定时间，他们可能需要就日常事务进行密集培训。坚持核查，保证他们不会遇到什么问题。

○　确保目标是可行的。新成员像团队的老成员一样高效多产是要花时间的。

○　预留与员工谈话的时间，能够与员工不受干扰地谈话，这样才能断定他们是否遇到问题。

○　不要让他们感到厌烦。如果他们有潜力，想想有什么方法让他们的工作更富挑战性。

○　不断回顾——是否向新员工提供了他们所需的支持。

本章小结

　　本章我们学习了如何让新员工能够安心工作的方法和技巧，以及如何处理新、老员工之间可能出现的问题，了解了如何及时获得反馈，帮助新员工解决实际问题的方法，以全程关注新员工的发展。

思考与练习

　　1. 要想让员工留下来，就应该考虑哪些方面？
　　2. 员工在适应工作的过程中，团队领导应该注意哪些方面的事情？

实践与实训

指导：

你可以把在本单元内学习的内容与自己的实际工作结合起来，思考与整个招聘和就职过程相关的问题：

1. 设想你的团队中有两名成员因个人的原因要离职，那么，他们所承担的工作怎么办？你是否需要马上向人事部门报告你的招聘计划？

2. 假设主管经理告诉你，她无法保证这两个离开的人都能有新员工来接替，因为公司需要压缩人员编制，裁员是肯定的，要么在你的团队，要么是别的团队。在这种情况下，你能向她提供什么信息，以帮助她决定你的团队是否需要重新招聘人员？

3. 你可以试着为空缺职位准备工作描述。工作描述应包括以下内容：该项工作的主要目的；该项工作的主要任务；该项工作的范围。

4. 接下来，请准备人员规范，你可以通过基于资格的方式来制定人员规范，也可以列出基本能力和优先能力。

5. 根据你制定的人员规范，列出在面试时要问的问题。记住，你需要寻找证据来证明应聘者能够胜任这份工作。

6. 然后，为新团队成员工作第一周的就职过程作计划。计划中应包括他们要做什么、什么时间做、谁要参与等。

7. 下一步，制订你的行动计划，该计划将监督新团队成员前 3 个月的工作情况，确保他们能尽快适应工作。记住，你需要定期进行回顾，以保证一切按计划进行。

8. 以 3 个月为期限，召开绩效管理会议。会议上你可以设定绩效目标、听取反馈意见，并讨论进一步发展的需求。

9. 你需要准备一段备忘录，备忘录的内容可以有：你多长时间进行一次团队谈话；你该怎样核查培训效果；什么时候你会提高团队成员的目标；能否让其他团队成员扮演指导伙伴的角色。

总结：

这个练习可以帮助你以自己的工作环境为背景，完整地思考整个招聘过程及引导新员工就职过程中的所有问题。这样的联系有助于你掌握招聘新员工、引导新员工就职以及留住有用人才的方法，并切实提高相应的技能。

单 元 测 试

一、单选题

1. 小肖是某互联网公司的招聘经理，打算做招聘规划，不属于招聘规划的步骤的是（　　）。
   A. 确定招聘的人数和岗位　　　　B. 发布招聘信息
   C. 考核应聘者　　　　　　　　　D. 选择招聘的方式

2. 某公司人力资源部的工作人员要做一份公司某一岗位的工作描述，工作的（　　）不是这份工作描述必须包括的。
   A. 主要目的　　　B. 主要任务　　　C. 主要范围　　　D. 主要模式

3. 人员规范是用来描述从事某项工作的理想人选所需具备的基本条件和要点的文件，这些要点包括（　　）。
   ①技能、知识和能力　②经验　③个人品质和情况　④薪酬绩效
   A. ①②③　　　　　B. ②③④　　　　　C. ①③④　　　　　D. ①②④

4. "某一特定级别的员工证明自己资格的行为方式"属于任职资格中的（　　）。
   A. 核心行为　　　　B. 边缘行为　　　　C. 角色行为　　　　D. 领导行为

5. 小李是一家外贸公司的销售员，他第一天去公司上班会被告知一些事项，除了（　　）。
   A. 公司的办公区域安排　　　　B. 健康和安全培训
   C. 公司的规章制度　　　　　　D. 其他员工的详细薪酬情况

6. 小黎是一家外贸公司的新员工，在他就职过程中，公司向他提供的基本信息应该包括（　　）。
   ①办公楼平面图　②工作介绍　③核心客户详细资料　④工作场所主要规定　⑤档案记录
   A. ①②④⑤　　　　B. ①③④⑤　　　　C. ①②③④　　　　D. ①②③④⑤

7. 某集团对刚入职的应届毕业生的培训采取了指导伙伴的方式。（　　）不是指导伙伴必须具有的特点。
   A. 有能力协调自身工作　　　　B. 愿意扮演该角色
   C. 喜欢团队工作　　　　　　　D. 能力出众

8. 为了使新员工尽快适应工作，需要全程关注新员工的发展，对于"监督新员工"这一问题的认识，正确的是（　　　）。

　　A. 监督员工意味着凌驾于新员工之上

　　B. 只有试用期期间才可以监督新员工

　　C. 监督新员工就是等他们犯了错误之后再批评教育

　　D. 监督的目的是帮助他们并教给他们更有效的工作方法

二、案例分析

案例一

　　RY 公司是一家互联网产品研发公司，在发展的过程中，由于市场开发非常顺利，业务量急剧增加，原有员工的工作压力也越来越大，尤其是技术研发部门特别需要增加人员以缓解目前业务发展带来的压力。

　　赵经理是公司人力资源部门的经理，他根据研发部门的要求和报出的所需人员数量，在一个专门的招聘网站上发布了招聘信息。人力资源部门根据反馈回来的应聘人员简历开始筛选、面试。由于研发部门经理比较忙，没有时间进行面试。赵经理就和人力资源部门的其他三位同事一起对应聘人员进行了逐一面试，面试中，赵经理和同事们根据事先列好的提纲向每个应聘者都提出了一系列与工作相关的问题，以提高面试的可靠性和准确性。几天辛苦的招聘工作完成后，赵经理和他的同事为研发部门招募了几名人员。新员工就职以后，研发部门经理发现招聘来的人员并不适合本部门的工作，对新员工开始不闻不问。新员工们发现，他们来到公司后无所适从，不知道该干什么怎样干。公司的规章制度他们不熟悉，也没有人告诉他们，他们感到很迷茫。对此，赵经理也很纳闷，花费了这么多时间和费用，辛辛苦苦招来的人员为什么会不合适呢？

根据以上案例，回答以下各题。

1. 赵经理采用的这种面试组织形式的优点是（　　　）。

　　A. 有利于应聘者与面试官建立信任

　　B. 从多角度考察，克服个人偏见

　　C. 给应聘者造成压力

　　D. 应聘者之间形成比较，提高面试的效率

2. 根据赵经理和同事们在面试中的提问种类，他们招聘时的面试属于（　　　）。

　　A. 结构化面试　　　　　　　　B. 非结构化面试

　　C. 集成化面试　　　　　　　　D. 非集成化面试

案例二

    李某所在的部门需要招聘一名行政前台，要求英语专业的女性。作为一家全国知名公司，公司的招聘消息在网上发布后没多久，就接到了大量的求职简历。经过对几十个人的初步筛选后，他选定了一些人来面试。而后，他分别对每个人进行了面试，觉得其中几个人实力相当，难以取舍。但她们当中有一个人在面试时说自己喜欢读书，李某觉得她的写作能力应该也很强，于是决定选择这位女士。

根据以上案例，回答下面的问题。

3. 李某根据一位应聘者的话就推断她写作能力很强，这犯了面试时应该避免的（   ）的问题。

    A. 镜像效应   B. 太随意

    C. 行话过多   D. 作出错误假设

案例三

    刘某最近刚进入一家公司担任文员，她以前曾在一家小公司担任行政部门的经理，工作能力非常出色。她觉得凭着自己的工作经验，她肯定能在新公司取得很大的成绩。但工作几天后，她发现情况和她想象的完全不同。部门成员都觉得她是个威胁，在工作中都不配合她，让她很失望，部门领导明知道这种情况但也不闻不问，刘某很气愤，决定要辞职，离开这家新公司。

根据以上案例回答下面的问题。

4. 刘某的离职原因不包括（   ）。

    A. 团队成员的不配合

    B. 部门领导的不关心

    C. 自己工作能力逊色

    D. 公司领导没有正确处理好新老员工的关系

扫描二维码，查看参考答案。

第Ⅱ单元　财务表现

几乎没有人富有到可以随心所欲地、毫无顾虑地乱花钱，我们不得不事先搞清楚要买的东西值多少钱，然后相应地作出我们的购物计划（预算）。即便是彩票的大奖得主也会发现，如果不对财务作出计划和控制，他们也会变得一文不名。就如同我们的日常生活一样，企业也不得不在它们的收入范围内管理财务，否则就很可能陷入破产的悲惨境地。过去，整个财务领域都被视为是会计的事，问题是会计虽然在尽职尽责地记录并报告企业的财务状况，他（她）却并不负责收入的赚取和成本的控制工作。控制权掌握在作出日常运作决策的人手中——通常是团队领导者。

本单元将通过对一些财务术语的说明和解释，使你初步理解基本的财务概念，如利润、成本、现金、所有者权益等；在此基础上，本单元将指导大家学习如何计算成本，如何编制资产负债表、损益表和现金流量表等重要的财务报表，并且介绍财务预算的概念和方式。在本单元结束时，你将对财务管理有比较全面的了解。

```
                                                                    利润、现金和所有者权益概念
                                              财务基本概念
                                                                    支出(成本)的三种形式

                                              会计和会计种类    四大会计种类
                          5. 财务基本知识
                                              财务部门的职责

                                                                    ★  资产负债表
                                              财务报表            ★  损益表
                                                                    现金流量表

                                              成本的类型        传统的成本分类
                                              成本模式
                          6. 成本和成本计算                        单位和项目成本计算
    财务表现                                    成本计算方法        盈亏平衡分析
                                                                    边际成本计算

                                              计划的层次体系
                          7. 财务预算           财务预算           财务预算的内涵与形式
                                              财务预算编制技巧    改进财务预算的辅助手段

                          8. 差异分析的效果    预算控制和差异分析   造成差异的典型原因
                                              改善绩效           改进成本效率的方法
```

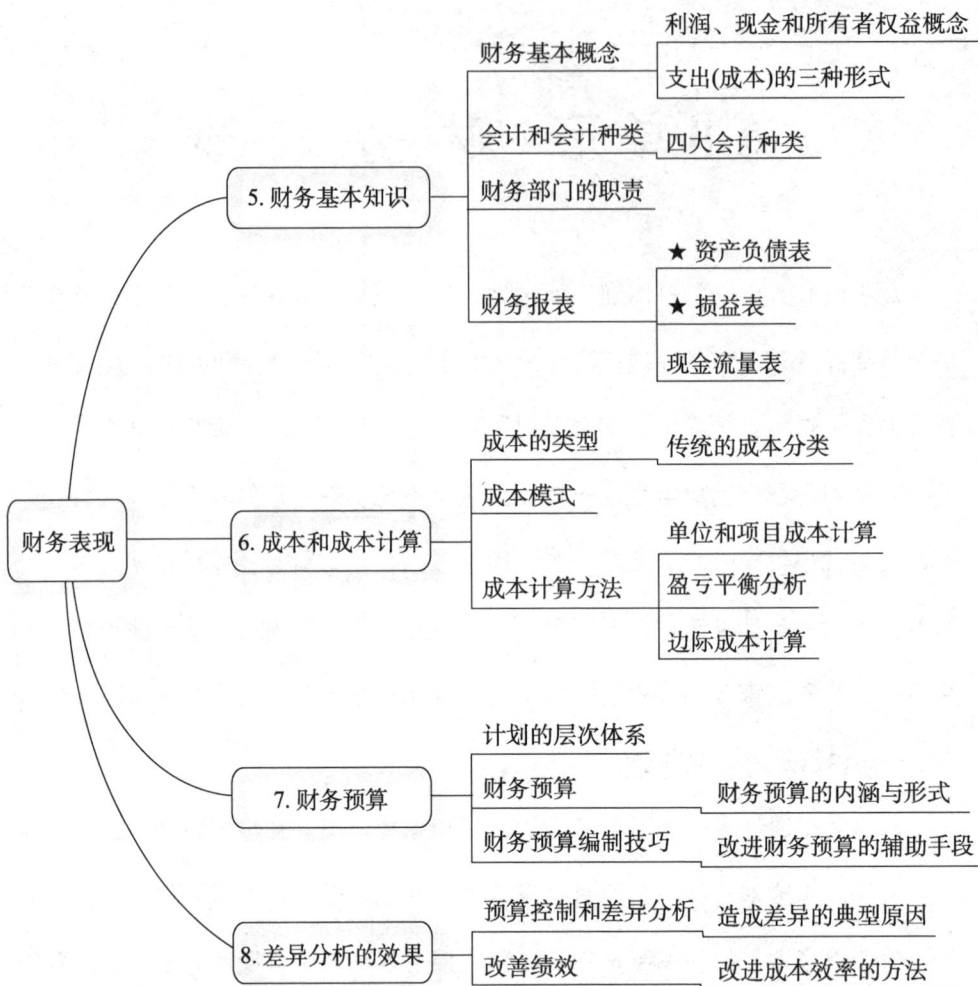

★代表本部分是案例重点考核内容。

扫描二维码，学习本单元概况。

第 5 章 财务基本知识

学习目标

1. 了解利润、成本、现金和所有者权益的概念；
2. 了解成本的分类；
3. 了解会计的概念和会计种类；
4. 掌握会计的内容和会计任务；
5. 重点掌握三大财务报表。

学习指南

在研究成本计算和财务预算等具体问题之前，有必要先明白这些问题与一般的财务问题之间的关系。本章将就一些常见的财务术语进行简要介绍，主要涉及以下几个基本问题：成本与利润、现金以及所有者权益的概念；会计的概念和会计种类；会计的内容和会计任务；财务部门中的各项职能；财务工作怎样适应整个商业运作，如何分析三大报表。

关键术语

利润 成本 现金 所有者权益 会计与会计种类 会计任务 财务部门 资产负债表 损益表 现金流量表

5.1 财务基本概念

任务企业的商务运作都是建立在利润、成本、现金、财务和所有者权益等概念之上的，除了商务活动，这些概念对个人理财来说也非常适用。我们将从界定这些概念开始讲解有关财务的知识。

5.1.1 利润

每一个人都知道，绝大多数商业机构都要为股东创造利润，这种行为经常被描述为

"为股东创造利润""令人满意的投资回报""实现账本底线结果"等很多不同的说法。尽管上述各项的表达方式不同，但是都包含了一个共同的含义：要达到预期利润目标，并且收入超过成本。在一定的会计周期内收入超出成本的部分被定义为利润。通常，大家都是按月或者按年计算利润的。如果成本超过了收入，结果就是出现亏损。"利润"和"亏损"是相对应的两个概念。

就个人来说，我们肯定希望每月的收入（薪水）超过每月的支出（消费），这样才会有一定的"利润"，也就是每月都有结余。如此循环，一年到头我们才能比上年显得富裕些。如果我们的支出超过收入，就需要支用前期的储蓄，或者从其他途径（比如银行）去筹措资金来弥补超支。企业也是一样的，企业的目标本质上是要在体现最大化收入的同时不断加强成本控制，从而保证收支相抵后还有一些盈余，因此，成本计算对收益率高低会产生很大的影响。

当然，某些工作部门可能没有直接收入或者根本就是非营利性的。虽然如此，同样还是要提供年度预算限额，只要不超过这个预算，就表示创造了"收入"。从某种意义上来说，这种目标就是面对要实现的"零利润"最大限度地降低成本。

5.1.2　成本

企业"成本"的概念也是财务的一个基本元素。大家知道，在日常生活中，除非控制花费（即成本），否则谁都可能面临入不敷出的财务窘境；企业业务也是如此，只不过数目往往更加庞大。所以，如果不从成本上进行控制，企业会更快地陷入更大的麻烦中。在本单元的第 6 章中，会对成本的类型、成本模式以及成本计算方法做进一步的详细讲解。

步骤与方法　支出（成本）的三种形式

○　营业支出——没有持久价值的成本

之所以称为"营业支出"，是因为这类成本在企业业务中是和销售联系在一起的，一旦发生了这些费用，价值就随之而去了。例如工资、办公费用、车辆运行成本等等都属于这类。

○　资本支出——具有持久价值的成本

如果我们花钱购买具有持久价值的物品，如不动产（厂房、机器设备）、汽车和计算机等，这称为资本支出。资本支出产生时并不直接冲减利润，因为所有的或大部分的资本支出的价值以资产的形式保留下来了。每年从利润里冲减掉的是资产价值的损耗，即折旧。折旧描述资产价值耗尽的过程。举例来说，如果年初以 15 万元人民币购买了一辆汽车，到年末时，该汽车只值 12 万元，有 3 万元的价值损耗应该作为折旧从利润里冲减掉。绝大多数资产经过一定年限会折旧掉大部分的价值，但有时资产也存在升值的可能性。

○　混合成本——价值在一定时间范围内体现的成本

最后一种成本是前两种成本的混合，其价值只能在一定的时间范围内体现，如果超出了这一范围，就将失去价值。用来购买这类货物的资金属于营运资本，例如：购买存货或与建筑工程有关的费用，都是这方面最典型的例子，在这类例子中它的价值直到货物卖给客户才消失。

延伸与拓展　费用与折旧

○　费用包括企业日常活动所发生的经济利益的总流出，主要是指企业为取得营业收入进行产品销售等营业活动所发生的营业成本、税金及附加和期间费用。
○　固定资产折旧概述：企业应当在固定资产的使用寿命内，按照确定的方法对应折旧额进行系统分摊。
○　年折旧额 =（固定资产原价 - 预计净残值）× 年折旧率。

——《2020 年度初级会计实务》

训练与练习　分析某超市的成本和利润

一家某超市这一年的销售收入是 1 000 万元人民币，一年中的成本如表 5-1 所示。

表 5-1　某超市成本表

成本类别	成本（单位：元）
已售货物成本	5 500 000
待售货物成本	1 300 000
运营成本（工资及其他花费等）	2 000 000
添置新的计算机系统	100 000

问题：

表 5-1 所列的各项成本中，哪些成本是作为冲减收入的"营业成本"（折旧与税金忽略不计）？该超市的利润是多少呢？

总结：

在各项成本中，只有"已售货物成本"和"运营成本"可以作为冲减收入的"营业成本"（如表 5-2 所示）。

表 5-2　营业成本表

项　　目	价值（单位：元）
销售收入	10 000 000
减：卖掉货物的成本	（5 500 000）
运营成本	（2 000 000）
销售利润	2 500 000

5.1.3　现金

现金是指库存的现款。根据我国现金管理的规定，各单位为便于支付日常零星开支，可以留存一定限额的现金，但是超过限额的那部分必须当天存入银行。现金的收入、支出和保管业务由各单位出纳人员负责办理。每笔现金收入和支出业务都须根据已审核无误的原始凭证编制记账凭证，作为记账的依据。为了反映库存现金的收入、支出和结存，要设置"现金"账户进行核算，并设置现金日记账进行序时登记。广义的现金，还包括银行存款和在途现金。

有人简单地认为"现金"就是"利润"，这种说法从简单的"收入—支出"而言也许不错，但是一旦这些收入和支出的情况复杂起来，现金和利润就开始相互脱离，这种脱离是由于交易和付款之间发生了时间差而造成的。作为个人来说，我们通常用不同的方法进行交易，方法之一就是用信用卡购物。假设我们用信用卡购买了一台价值 3 000 元人民币的电视机，卖电视的商家几乎立刻就收到了这笔款项（信用卡公司会扣除少量的佣金）。但是，在我们给信用卡公司支付现金之前却还有一段时间，并且即使这笔钱到期了，我们还可以选择延迟付款，从而将支付时间拉得更长。尤其是在购买家具、汽车或房地产等主要资产（具有持久价值的货物）时，购买者往往不能一次性支付全部货款，他们所选择的是一些延期付款方式，例如分期付款购买、银行贷款等；在购买房地产时，购买者经常采用抵押贷款的方式来分期付款。这便使得交易和付款之间发生了时间差，"现金"就不能简单地等同于"利润"了。

对绝大多数企业来说，现金管理是一项重要事务，基层管理人员很可能也参与其中。最重要的一点是：企业一旦没有现金，将可能会面临破产。

5.1.4　所有者权益

所有者权益是财务管理中的第四个重要概念。与利润不同，所有者权益不是针对某一项业务而言，而是在特定的日期平衡所有资产和负债的余额。简单来说，所有者权益就是在某一时间我们所拥有的净价值，或者说我们拥有的资产减去我们的负债。

○　资产

资产是企业拥有控制的，能以货币计量并能为企业提供未来经济利益的经济资源。资产按其流动性，分为流动资产、长期投资、固定资产、无形资产、递延资产和其他资产。

○　负债

负债是企业所承担的，能以货币计量、需以资产或劳务方式偿付的债务。负债按其流动性，分为流动负债和长期负债。

下面的案例与讨论是一例所有者权益的简单算法。

案例与讨论　小明的所有者权益

小明决定盘点自己的所有者权益。他列出自己当前所拥有和所亏欠的主要项目，制作了自己的资产负债表（如表 5-3 所示）。

表 5-3　小明的资产负债表

所拥有的项目（资产）	价值（单位：元）	所亏欠的项目（负债）	价值（单位：元）
一套自用房产	1 000 000	住房按揭贷款	700 000
一辆机动车	190 000	汽车按揭贷款	100 000
债券投资	100 000	金融投资借款	50 000
活期存款	30 000	信用卡欠款	10 000
总计	1 320 000	总计	860 000

问题： 请计算小明的所有者权益。

总结：

由于所有者权益等于资产减去负债，根据表 5-3，小明的所有者权益为：

$$1\ 320\ 000 - 860\ 000 = 460\ 000$$

企业的资产负债表也起同样的作用——计算某具体时间企业的所有者权益或价值。由于企业往往会包括更多的项目，所以描述起来会更加复杂，但基本原理是一样的。资产负债表、损益表和现金流量表是各类会计科目都必需的三个标准报表，我们将在 5.4 重点介绍这三种报表。

5.2 会计和会计种类

5.2.1 会计

在企业里，会计主要是为管理人员和外部关系人提供企业的财务、经营情况并预测其发展趋势以便作出正确决策的一种信息系统，它是管理经济的一种工具。会计是社会生产发展到一定阶段，由于管理经济的需要而产生的。随着生产的不断发展，会计从简单的登记和计算财务盈亏，逐渐发展到利用货币反映和监督生产过程。随着生产规模日益社会化，会计愈加重要。会计按其内容可分为：会计核算、会计分析和会计检查；按其适用的部门，有工业会计、商业会计、农业会计、基本建设会计、预算会计等；按其性质和作用，有财务会计、管理会计、成本会计、审计等。

步骤与方法 会计的任务

习惯上，对于担任会计工作的人员也简称"会计"。会计的任务包括：

- 反映和监督资金运动情况
- 贯彻经济核算制
- 加强计划管理
- 维护财经纪律

会计工作的内容和会计的任务要求所有会计从业人员都要切实按有关规定办事，按照职业纪律的要求约束自己的执业行为，做遵守职业纪律的模范。他们除了要严守职业纪律、劳动纪律、财经纪律和群众纪律外，还必须严格遵守操作规程和安全生产规程。

步骤与方法 会计的内容

- 设置账户和账本；
- 填制和审核凭证；
- 复式（或单式）记账；
- 成本计算；
- 财产清查；
- 编制会计报表；

58

○　财务和成本分析；

○　会计检查。

5.2.2　会计种类

基层管理人员经常会接触到各种类型的会计种类，所以应该学习一些基本知识。企业业务大体上会有四大类会计种类，分别有不同用途。

○　财务账户

这是企业业务的年度账户。财务账户是对企业业务的法定要求，必须按照特定的法律法规提交会计报表。而且，除非企业业务极少，否则必须有外部的会计公司进行审查。从企业内部管理的角度来看，财务会计价值较小，因为它们提供的信息量小，记录的是企业的"财务历史"。

○　成本会计

成本会计并无固定的法律文本，所以可以按照企业的需要进行格式调整，它是关于产品、生产线、加工品的详细成本报告，不过，目前在很大程度上已经为管理会计所代替了。

○　管理会计

包含更为复杂的会计科目，是管理层获得财务信息和其他数据的依据。

○　计划和预算会计

计划和预算的结果即是企业预期未来要实现的报表。

5.3　财务部门的职责

涉及财务的各部门之间有密切的联系，但又有不同职责，所以必须要了解清楚各财务部门的具体职责，从而才能通过有效途径获得最佳解释和协助。

5.3.1　绩效循环图

在介绍财务部门的职责之前，我们首先要考虑一下财务与企业整体业务的联系，看看平衡的业务是如何运作的，可以参考图 5-1 的绩效循环图。

从图 5-1 可以看出，企业业务运作的过程中或多或少都会涉及利润、成本、现金、预算等问题，而这些问题都与财务息息相关。

5.3.2　财务部门职能

对于较大的财务部门，可以划分出以下几大块不同的职能：

○ 财务总监——全权负责所有工作；

○ 财务秘书——负责年度报表和账户在法律事务方面的工作；

○ 会计主管——负责现金管理和业务资金的储备；

○ 会计师——协调所有财务交易记录并准备财务账户；

○ 管理会计师——协调预算过程以及定期制作管理账户；

○ 内审员——确保会计体系和会计程序具有合理的结构，保证其正常运作。

在业务少的小企业，一个会计就可以完成以上所有的职责。可以说会计人员是组成企业财务部门最基本的单位了，因此明确会计人员职责权限，充分调动他们的积极性对会计工作的顺利开展至关重要。

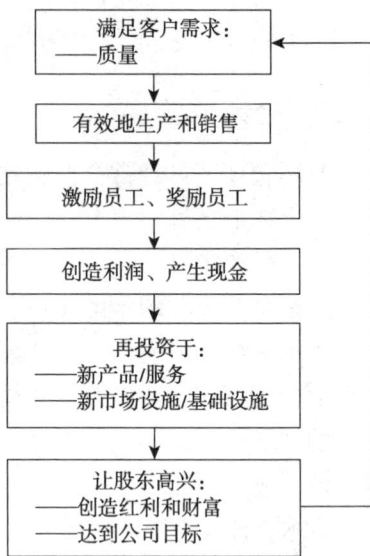

图 5-1　绩效循环图

5.4　财务报表

5.4.1　资产负债表

资产负债表是企业最主要的综合财务报表之一。它是一张平衡表，分为"资产"和"负债＋所有者权益"两部分。资产负债表的"资产"部分，反映企业的各类财产、物资、债权和权利，一般按流动性高低顺序列示；资产负债表的"负债"部分包括负债和所有者权益两项。其中，负债表示企业所应支付的所有债务；股东权益表示企业的净资产价值，即在偿清各种债务之后，企业股东所拥有的资产价值。三者的关系用公式表示为：

$$资产 = 负债 + 所有者权益$$

资产负债表的主要项目解释如下：

○ 资产

资产主要包括流动资产、固定资产、长期投资和无形资产四种。流动资产主要包括现金、应收票据、应收账款、存货和预付款项，期限通常在一年以内。现金包括企业所有的现金和银行里的活期存款。当企业现金过多而超过规定的持有量时，企业就把超额部分投资于短期的投资债券或商业票据。应收账款是由于赊销或分期付款引起的。存货包括原料、半成品和成品。生产企业的存货通常包括原材料、半成品和成品，而零售企业则一般只有成品库存。

流动资产的作用可用营运资金循环图（如图 5-2 所示）来说明。在图 5-2 中可以看出，存货的销售导致了现金和应收账款项目的增加。如果应收账款实际收到时，现金又会再次增加。随后，这笔现金又被用于购买新存货，支付营业费用，如工资、租金、保险费、水电杂费等。企业维持日常生产，不仅必须拥有适当的营运资金，而且要保证资金循环的顺利进行。

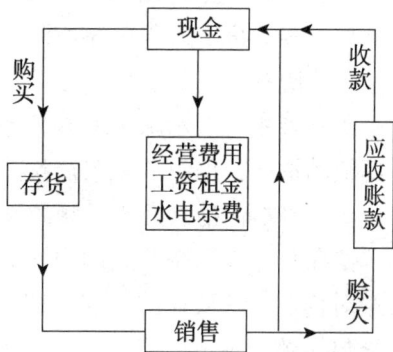

图 5-2 资金循环图

在其他条件不变的情况下，如果应收账款的收回太慢，企业会因财力不足而不能按时购买存货或支付费用；若存货销售过慢，资金就会大量积压，企业也会因现金短缺而陷入困境。

固定资产包括企业的厂房、机器设备、仓库、运输工具等。它们是企业用来生产商品和提供劳务的，使用期限通常在一年以上。

长期投资是指企业为了使资产多样化，为了扩大企业的规模或兼并其他企业而进行的期限超过一年的投资。

无形资产是指像商标、专利和企业商誉这样的，没有实际形体，但对企业确有价值的资产。

○ 负债

负债的两个主要成分是流动负债与长期债务。

流动负债是指一年以内到期的债务，主要包括应付账款、应付票据、其他应付费用和应付税款。应付账款表示企业由于赊购而欠其他企业的款项；应付票据表示企业欠银行或其他贷款者的债务，它通常是由企业的短期或季节性资金短缺而引起的；应付费用包括员工的工资和薪水、到期的利息和其他类似的费用，它表示企业在编制资产负债表时所应付费用的情况；应付税款表示企业应缴纳税款的金额，它与《企业所得税法》有密切的联系。

长期债务是指一年以上到期的债务，它包括应付债务、抵押借款等项目。一般而言，企业通常借入短期资金来融通短期资产，如存货和应收账款等。当存货售出或应收账款收回时，短期负债就被偿清。长期债务通常用来融通长期或固定资产，如厂房、设备等。短期负债的利率通常比长期负债的要低，原因之一是短期贷款所涉及的风险较小。因此，当长期利率水平相对较高，并预计不久将会下降时，企业可能会先借入短期资金周转，等利率下降后再借入所需的长期负债，以便降低筹资的费用。

○ 所有者权益

所有者权益表示除去所有债务后企业的净生产价值，它反映了全体股东所拥有的资产净值的情况，也叫"股东权益"。所有者权益分实收资本和留存收益两部分。

实收资本包括以面值计算的股本项目。

留存收益表示企业利润中没有作为股息支付而留存于企业的那部分收益，它反映了股东对企业资产权益的增加。留存收益通常并非以现金的形式存在，因为虽然留存收益可能包括部分现金，但其大部分都被投资于存货、厂房、机器设备之中，或用于偿还债务。留存收益增加了企业的收益资产，但其本身却不能再作为股息来分配。

请通过下面的案例与讨论来体会资产负债表在企业中的应用。

案例与讨论　资产负债表

问题：

表5-4是某公司的资产负债表，请分析该企业2019年度的发展状况。

表5-4　某公司2019年度资产负债表

单位：千元

资　产		本年年末余额	上年年末余额
流动资产	1. 货币资金	235	248
	2. 衍生金融资产	187	78
	3. 应收票据	230	250
	4. 应收账款（净）	500	430
	5. 预付款项	30	25
	总额	1 182	1 031
长期投资	6. 长期股权投资	90	70
固定资产	7. 土地	1 000	1 000
	8. 厂房与设备（净）	700	500
	总额	1 700	1 500
无形资产	9. 专利	22	19
资产总额		2 994	2 620
流动负债	1. 短期借款	289	276
	2. 应付票据	197	143
	3. 应付账款	86	73
	4. 应交税款	46	38
	总额	618	530

续表

负债与所有者权益		本年年末余额	上年年末余额
长期负债	5. 长期借款	500	370
	负债总额	**1 118**	**900**
所有者权益	6. 实收资本（或股本）	1 320	1 320
	7. 未分配利润	556	400
	所有者权益总额	**1 876**	**1 720**
	负债与所有者权益总额	**2 994**	**2 620**

总结：

根据上面所列的资产负债表可知，2019 年年底某公司的资产总额为 2 994 000 元，负债总额为 1 118 000 元，所有者权益总额为 1 876 000 元。

分别比 2018 年年末提高了：

资产提高金额 374 000 元（本年年末资产总额－上年年末资产总额＝资产提高金额，根据表 5-4，相较上年年末资产提高额为：299.4 万元－262 万元＝37.4 万元）；

负债提高金额 218 000 元（本年年末负债总额－上年年末负债总额＝负债提高金额，根据表 5-4，相较上年年末负债提高额为：111.8 万元－90 万元＝21.8 万元）；

所有者权益提高金额 156 000 元（本年年末所有者权益总额－上年年末所有者权益总额＝所有者权益提高金额，根据表 5-4，相较上年年末所有者权益提高额为：187.6 万元－172 万元＝15.6 万元）。

这表明某公司在 2019 年度得到了发展并日趋繁荣。

5.4.2　损益表

损益表也可称为利润表，是企业最主要的综合财务报表之一，是反映一个企业在一个财政年度里的盈利或亏损状况的表格。这种盈利或亏损是通过营业收入和营业费用的对比来体现的。损益表反映了两个资产负债表编制日之间企业财务盈利或亏损的变动情况。

损益表主要由三个部分组成。第一部分是营业收入或销售收入；第二部分是与营业收入有关的生产性费用和其他费用；第三部分是利润和利润在股息与留存收益之间的分配，利润等于营业收入减去营业费用。

损益表的主要概念解释如下：

○ 营业收入

营业收入是指企业通过销售产品或对外提供劳务而获得的收入，其形式通常为现金或应收账款等项目。对一般企业来说，销售收入是企业最重要的营业收入来源。一般而言，企业的营业收入通常与它的营业活动有关，但也有一些企业营业收入的某些部分与其自身的业务并无关系。因此区分营业收入和其他来源的收入有重要意义。

○ 营业费用

营业费用是指企业为获得营业收入而使用各种财物或服务所发生的耗费。销售成本是一般企业最大的一笔费用，它包括原材料耗费、工资和一般费用。一般费用包括水电杂费、物料费和其他非直接加工费。与销售成本不同的销售和管理费用包括广告费、管理费用、营销费用和一般办公费用。财务费用是指用以偿付债务的费用。上述费用都会导致企业现金开支的增加。折旧费的增加表示企业固定资产价值的下降，结摊费的增加则表示企业所拥有的资产或资源价值的减少。

○ 利润

税前利润由通常的营业收入与营业费用之差来决定。从税前净利润中减去税款，再对非常项目进行调整后，剩余的利润就是税后净利润。税后净利润又分为支付给股东的股息和企业的留存收益两项。企业若亏损，企业的留存收益就将减少，企业多半会因此而停止派发现金股息。若企业盈利，这些收益将首先用于支付优先股的股息，之后再由普通股取息分红。若企业收益不足以支付优先股时，则有两种情况出现：若优先股是累积优先股，则本年度的所有股息转入到期未付的债务项下，待有收益时再优先偿付；若优先股是非累积优先股，则优先股与普通股一样不能得到股息。每股收益等于普通股的收益除以已发售普通股的股数。每股收益的水平和增长情况是反映企业增长情况的最重要指标之一。

延伸与拓展　利润

○ "营业利润＝营业收入－营业成本－税金及附加－销售费用－管理费用－研发费用－财务费用＋其他收益＋投资收益（－投资损失）＋净敞口套期收益（－净敞口套期损失）＋公允价值变动收益（－公允价值变动损失）－信用减值损失－资产减值损失＋资产处置收益（－资产处置损失）"

○ "利润总额＝营业利润＋营业外收入－营业外支出"

○ "净利润＝利润总额－所得税费用"

——《2020年度初级会计实务》

案例与讨论 损益表

问题：

表 5-5 是某公司 2019 年财政年度的损益表，请学习计算企业的净利润。

表 5-5 某公司 2019 年度损益表

单位：万元

项 目	本年累计数
1. 营业收入	1 200
减：营业成本	670
营业税金及附加	8
销售费用	93
减：管理费用	120
财务费用	18
2. 营业利润	291
加：营业外收入	7
减：营业外支出	5
3. 利润总额	293
减：所得税费用	84
4. 净利润	**209**

总结：

根据上面所列的损益表可知，某公司 2019 年的净利润为 209 万元。

根据表 5-5，某公司 2019 年的净利润的计算思路是：

营业利润＝营业收入－营业成本－营业税金及附加－销售费用－管理费用－财务费用（1 200 万元－670 万元－8 万元－93 万元－120 万元－18 万元＝291 万元）；

利润总额＝营业利润＋营业外收入－营业外支出（291 万元＋7 万元－5 万元＝293 万元）；

净利润＝利润总额－所得税费用（293 万元－84 万元＝209 万元）。

5.4.3 现金流量表

资金流量核算主要以收入分配和资金运动作为核算对象，它反映一定时期各机构、各部门收入的形成、分配、使用、资金的筹集和运用以及各机构、各部门间资金流入和流出的情况。

我国已发布的《企业会计准则——现金流量表》要求企业按直接法编制现金流量表，并在附表中提供按间接法将净利润调整为经营活动现金流量的信息，这对于揭示企业一定期间现金流量的生成及其原因，从现金流量角度分析企业净利润的质量具有积极作用。

下面的案例与讨论是鑫源公司 2019 年度的现金流量表。

案例与讨论 现金流量表

问题：

表 5-6 为鑫源公司 2019 年度的现金流量表，说明如何利用现金流量表分析企业的财务状况。

表 5-6 鑫源公司现金流量表（2019 年度）

单位：元

项　　目	金　　额
一、经营活动产生的现金流量	
销售商品、提供劳务收到的现金	11 342 737
收到增值税销项税额	229 500
现金收入小计	11 572 237
购买商品、接受劳务支付的现金	11 227 400
支付给职工及为职工支付的现金	40 000
支付的增值税款	229 500
支付的所得税款	49 658
支付的除增值税、所得税以外的其他税费	1 459
支付的其他与经营活动有关的现金	18 000
现金支出小计	11 566 017
经营活动产生现金流量净额	6 220
二、投资活动产生的现金流量	
收回投资所收到的现金	8 250
分得股利或利润所收到的现金	2 750
取得债券利息收入所收到的现金	1 275
处置固定资产而收回的现金净额	750
现金收入小计	13 025
购建固定资产所支付的现金	114 900
权益性投资所支付的现金	10 000
现金支出小计	124 900
投资活动产生的现金流量净额	−111 875
三、筹资活动产生的现金流量	
吸收权益性投资所收到的现金	25 000

续表

项　目	金　额
发行债券所收到的现金	400 000
借款所收到的现金	90 000
现金收入小计	515 000
偿还债务所支付的现金	21 200
分配股利或利润所支付的现金	25 000
偿还利息所支付的现金	250
现金支出小计	46 450
筹资活动产生的现金流量净额	468 550
四、现金和现金等价物净增加额	362 895
补充资料	金　额
一、经营活动产生的现金流量	
销售商品、提供劳务收到的现金	11 342 737
收到增值税销项税额	229 500
现金收入小计	11 572 237
1. 不涉及现金收支的投资和筹资活动	
以固定资产、无形资产对外投资	47 500
本期提取盈余公积金	15 017
2. 将净利润调节为经营活动的现金流量	
净利润	103 572
加：计提的坏账准备或转销的坏账	198
固定资产折旧	7 300
无形资产摊销	2 025
待摊费用摊销	3 000
处置固定资产的损失	2 250
财务费用	6 200
减：投资收益	4 025
存货增加	125 800
加：经营性应收项目减少	5 900
经营性应付项目增加	5 600
增值税增加净额	0
经营活动产生的现金流量净额	6 220

项　　目	金　　额
3. 现金和现金等价物净增加情况	
现金和现金等价物的期末余额	417 345
减：现金和现金等价物的期初余额	54 450
现金和现金等价物的净增加额	362 895

右上角：续表

总结：

根据上面所列的现金流量表可知，该公司当年现金流量净额为 36.2895 万元。

根据表 5-6，鑫源公司 2019 年现金流量净额计算思路：

以"现金收入 - 现金支出 = 现金流量净额"为原理，现金流量净额 = 经营活动产生现金流量净额 + 投资活动产生的现金流量净额 + 筹资活动产生的现金流量净额，0.622 万元 - 11.1875 万元 + 46.8550 万元 = 36.2895 万元。

步骤与方法　现金流量结构分析

现金流量结构分析是指对同一时期现金流量表中不同项目的比较与分析，以揭示各项数据在企业现金流入量中的相对意义。其计算公式为：

现金流量结构比率 = 单项现金流入（出）量 ÷ 现金流入量总额

以上面案例与讨论中的鑫源公司为例进行说明，鑫源公司本期现金流入量为 12 100 262 元，现金流出量为 11 737 367 元，现金净流量为 362 895 元。在全部现金流入量中，经营活动所得现金占 95.64%，投资活动所得现金占 0.11%，筹资活动所得现金占 4.25%。这意味着维持公司运行、支撑公司发展所需要的大部分现金是在经营过程中产生的，这无疑是企业财务状况良好的一个标志。而收回投资、分得股利取得的现金以及银行借款、发行债券、接受外部投资取得的现金对公司的运行和发展都起到了辅助性或补充性的融资作用。

在鑫源公司本期现金流出量中，经营活动所付现金占 98.54%，投资活动所付现金占 1.06%，筹资活动所付现金占 0.4%。将此与现金流入量分析相结合，可以发现该公司的现金流入与流出主要来自于经营活动所得，用于经营活动所费；公司进行固定资产投资，支付投资者利润等现金需要主要来源于外部筹资，特别是举债筹资。从总体上看，该公司的运行是健康的，发展是稳定的。但应特别注意公司以举债筹资的方式扩大投资所带来的财务风险及其偿还能力。

68

步骤与方法 盈利质量分析

盈利质量分析是指根据经营活动现金净流量与净利润、资本支出等之间的关系，揭示企业保持现有经营水平，创造未来盈利能力的一种分析方法。盈利质量分析主要包含以下两个指标：

1. 盈利现金比率

○ 盈利现金比率 = 经营现金净流量/净利润

这一比率反映企业本期经营活动产生的现金净流量与净利润之间的比率关系。在一般情况下，比率越大，企业盈利质量就越高。如果比率小于1，说明本期净利中存在尚未实现现金的收入。在这种情况下，即使企业盈利，也可能发生现金短缺，情况严重时会导致企业破产。在分析时，还应结合企业的折旧政策，分析其对经营现金净流量的影响。上述案例中鑫源公司的盈利现金比率为 6%（6 220/103 572），这表明该公司本期创造的利润中有相当一部分并未收到现金，即会计账面利润与实低于净利润的主要原因是本期存货量比上期增加了 125 800 元。在分析时，应结合公司的其他有关资料，进一步分析存货增加的原因。

2. 再投资比率

○ 再投资比率 = 经营现金净流量 ÷ 资本性支出

这一比率反映企业当期经营现金净流量是否足以支付资本性支出（固定资产投资）所需要的现金。比率越高，企业扩大生产规模、创造未来现金流量或利润的能力就越强。如果比率小于1，说明企业资本性支出所需现金，除经营活动提供外，还包括外部筹措的现金。鑫源公司本期再投资比率为 5.4%（6 220/114 900），这说明公司经营现金净流量满足资本性支出的能力较低，或者说公司需要的资本性投资大部分靠外部筹资所得。

本章小结

通过本章的学习，我们了解了关于成本、利润、现金和所有者权益的概念和它们之间的关系，学习了会计的概念和会计的种类，了解了会计的内容和会计的任务，知道了财务部门中的各项职能，并重点对在日常业务中常常用到的三大会计报表——资产负债表、损益表和现金流量表进行了学习。

思考与练习

1. 利润、现金和所有者权益的定义是什么？
2. 支出（成本）的三种形式有哪些？
3. 四大会计种类有哪些？
4. 资产负债表涉及的概念是什么？
5. 损益表（利润表）由哪些要素组成？
6. 现金流量结构比率、盈利现金比率、再投资比率的公式和原理。

70

第6章　成本和成本计算

学习目标

1. 了解成本的类型、成本的内容和分配方法；
2. 了解单位成本模型和项目成本模型；
3. 掌握如何建立业务成本模式；
4. 掌握可控成本和非可控成本；
5. 掌握标准成本、边际成本、机会成本计算方法；
6. 重点掌握盈亏平衡分析方法。

学习指南

成本控制对企业来说具有重要意义。为了控制成本，我们首先要确定成本并把握影响成本的因素，然后才能运用这些成本为企业建立成本模式。

在这一章中，我们将了解成本的分类法、企业业务的成本模型有哪些，以及如何建立企业业务的成本模式。一个企业的成本模式很大程度上是由企业的业务类型决定的，例如生产型企业的成本模式对服务代理商或者零售商店来说都是不适用的。本章还将介绍可控成本和非可控成本这两个重要的概念。在产生利润的盈亏平衡模式里，我们将回顾各类成本是如何与收入结合起来的。最后，我们将重点掌握三种常用的成本计算方法。

关键术语

成本及成本类型（直接成本、间接成本、固定成本）　可控成本　非可控成本　业务成本模式　单位成本计算　项目成本计算　盈亏平衡计算　成本计算方法（标准成本计算　边际成本计算　机会成本计算）

6.1　成本的类型

传统的成本分类法产生于生产型企业，它将成本分为三大类：直接成本、间接成本和固定成本。

6.1.1 成本的类型

1. 直接成本（可变成本）

直接成本（可变成本）是指直接计入各种（类/批）产品（劳务/作业）成本的费用。一种费用是否属于直接费用，取决于能否确认其与某一种（类/批）产品的生产有关，是否便于直接计入。例如一般工业产品生产中所耗用的构成产品实体的原材料、农业生产中用于播种的种子等，通常都是直接费用。在只生产一种产品的情况下，所有生产费用都是直接费用。这类成本直接随主要业务活动的变化而变化。

计算产品成本，首先要考虑哪些费用可以直接计入，哪些费用不能直接计入，然后采取不同的处理办法，凡是可以并适宜于直接计入产品成本的，应尽可能直接计入，以保证产品成本计算的准确性。区别直接成本和间接成本，对于正确计算产品成本具有重要意义。

在生产型企业中，直接成本（可变成本）包括以下几种：

○ 原材料、元件和耗材；

○ 直接人工(生产工人计件工资)；

○ 其他直接成本，如外购半成品等。

2. 间接成本（部分可变成本）

间接成本（部分可变成本）是指不直接计入、而须先行归集然后按照一定标准分配计入各种（类/批）产品（劳务/作业）成本的费用。由于一般不能分别确认间接费用其中有多少由某一种（类/批）产品的生产所发生，因而不便于直接计入，必须先按其发生地点或用途等加以归集，然后按适当标准在有关产品间进行分配。工业企业的车间费用、办公费、修理费等，通常都是间接费用。

间接费用分配标准的选择，应以与被分配费用的发生具有密切关系（尽可能为正比例或接近于正比例的关系）为原则，既要力求成本计算的准确，又要考虑计算工作是否简便易行。分配标准若选择不当，就会影响产品成本计算的准确性。例如，在一个机械化程度较高的车间里，其设备维护使用费占车间费用总额的比重较大。这个车间的费用如果按生产工时比例分配，就会使手工操作较多的产品过多地负担车间费用，而机械操作较多的产品却过少地负担车间费用。

间接成本与生产活动相关，但是并不完全随产量的变化而变化，因为这部分成本是固定的（已经达到最大上限），或者说这部分成本是与其他部门分摊的，它们之所以与生产活动相联系是因为其对业务运营来说是必不可少的。

在生产型企业中，间接成本（部分可变成本）包括以下几种：

- 技术支持费；
- 生产厂房和机器设备的成本；
- 销售成本。

以生产设备为例，假设一台机器每天双班可生产 800 件产品，无论每天生产的产品比日生产能力（800 件）高多少，这台机器的基本成本几乎保持不变。但是，假设要求生产超过 800 件产品，那么企业就需要考虑再添置一台设备或者增加一个生产班次。

3. 固定成本（管理费用）

第三大类成本是企业运作发生的管理费用，亦称"决策性固定成本"。它是指由企业的管理政策所决定、与产量无直接关系的固定成本。例如企业为开展科学研究、培训工作人员、开辟销售市场、进行咨询等所发生的费用。一般来说，这种成本的增减，对于当期或近期的生产水平不会发生实质性的影响，它分摊在企业业务运营的各项环节中。这类成本是固定的，因为无论企业产量如何，这类成本的发生都是不可避免的。

在生产型企业中，管理费用包括以下几种：

- 后勤部门的成本（如计算机）以及行政费用；
- 总公司费用；
- 研发费用；
- 财务成本、诉讼费。

注意：尽管我们在这里将成本分为三大类，事实上成本并不能完全严格归入各类中。举例来说，实际中的可变雇佣成本就是不完全随着产量的变化而变化的，因为不可能简单地随产量变化而改变员工数量。

延伸与拓展　管理费用

管理费用是指企业为组织和管理生产经营发生的各种费用，包括企业在筹建期间内发生的开办费、董事会和行政管理部门在企业的经营管理中发生的以及应由企业统一负担的公司经费（包括行政管理部门职工薪酬、物料消耗、低值易耗品摊销、办公费和差旅费等）、行政管理部门负担的工会经费、董事会费（包括董事会成员津贴、会议费和差旅费等）、聘请中介机构费、咨询费（含顾问费）、诉讼费、业务招待费、技术转让费、研究费用等。

——《2020 年度初级会计实务》

我们可以将企业业务中影响成本的主要因素称为"成本动因"，成本动因并不是成本本身，而是代表影响成本的因素。

步骤与方法　成本动因

最明显的成本动因就是企业的主要业务活动。例如：

○　企业总体的主要业务活动和各部门的主要业务活动；

○　雇用的员工人数；

○　员工的流动率（影响到招聘和培训的成本以及员工的生产力）。

6.1.2　可控成本和非可控成本

可控成本和非可控成本是相对应的。可控成本是指可以由企业的特定成员通过施加影响来控制其发生数的那类成本；反之，则是非可控成本。

可否控制并不是一个成本项目的固有特性，而必须与一个具体的责任中心或特定的人员以及一定的期间联系起来观察。同一种成本，对于一个责任中心来说也许是可控制的，对于另一个责任中心来说可能是不可控制的。一般地说，一个责任中心的直接材料和直接人工的成本通常是可控制的；但并非所有直接成本都是可控制的。区别可控成本和非可控成本，有利于确定有关人员的经济责任。

通常，监督者总是希望能更多地控制成本。如果按天计算来控制成本的话，是很不容易的。当然，确实存在有些团队领导者在很多时候控制了大量可变成本的预算。例如，运输计划组的管理者可能负责上百万元的运输费用，而系统开发管理者则可能因为雇用合同制程序员而产生大量成本。但是，对于成本波动不大的部门来说，可能更多的是按天为单位最大化利用小组的效率，而不是控制成本。例如物业这类服务性组织，最大的成本就是人员，而且往往会设置"多班倒"来应付突发情况，能够以天为单位进行控制的人力成本只有保洁人员的加班费。团队领导者日常的任务就是如何调遣人员，从而产生良好的人员利用效果。

下面的训练与练习就是帮助你根据自己的情况来分辨成本的可控性问题。

训练与练习　分辨可控成本和非可控成本

问题：

现在来看看你所在的工作小组的情况，把你们的主要成本分别记入表 6-1 中的两栏，你得出的答案是什么？

表 6-1　可控成本和非可控成本

可控成本	非可控成本

总结：

可控成本是指某一单位能够控制成本并且能够对其负责的成本，非可控成本刚好与之相反。成本控制的好坏与否直接关系到组织的运营和发展。

6.2　成本模式

6.2.1　建立业务成本模式

将各类成本集合起来，就组成了企业成本模式的大致轮廓，它与收入可以进行比较，如表 6-2 所示。

表 6-2　销售收入和成本比较表

单位：万元

项　　　目	金　　　额	
A. 销售收入		4 700
B. 直接成本		
○　原材料和元件	1 600	
○　直接人工	930	
○　其他直接成本	530	
		3 060
C. 销售毛利（A–B）		1 640
D. 间接成本		
○　技术支持费	200	
○　厂房和机器设备折旧	245	
○　销售费用	240	
		685
E. 净利润（C–D）		955
F. 营业费用		
○　工厂运营管理费	75	
○　研发费用	125	
○　财务费用	45	
		245
G. 税前利润（E–F）		710

应该注意，毛利和净利常常用来描述如表 6-2 所示的利润率的高低。我们在这里讲的是总体上的情形，大家可以和自己平时遇到的情况联系起来考虑。

6.2.2　成本内容及分配

在现代的会计系统中，建立成本中心是非常重要的，它可以把企业内发生的一切成本连接起来。

成本中心应当存在于所有管理责任领域，通过创建成本中心，所有成本就能按照地区、营业部门、过程或者产品的分类来进行分析。大部分成本中心分配都可以通过计算机自动完成。例如，工资单上的每个人都分配有自己的成本中心，每个人的成本自动转入所在的成本中心，当然，为了确保精确性，成本中心的费用要及时更新，尤其是当员工从一个部门转到别的部门时，相应的成本中心信息也要及时更改。另外一种记录方式记录了成本的种类。以工资单为例，工资、保险、养老金扣缴、假日工资等其他类的成本都必须分门别类地记入成本中心。

于是，所有在会计系统里有记录的成本都能通过成本种类和相关人员来进行区分和识别。由于让相关人员切实知道了哪些成本费用是与自己有关的，这就为授权建立了基础。

所有的可变成本都应该直接计入各个成本中心，除此之外，还有一些可变成本也同样可以计入成本中心。共用的部分可变成本以及管理费计入相关负责人成本中心。例如，场地费可以分配到设备管理专用的成本中心。然后，可以通过分配使成本能够体现出来。

成本的分配通常依据一些标准进行，例如，场地费可以通过场地占用面积大小来进行分配，而人员部门费用则可以根据各部门人员多少来进行分配。

76

6.2.3 成本计算

我们仍然以鑫源公司为例，来讲解关于成本的计算。

张明最近升职为鑫源公司售后咨询部门的团队领导，这个部门的工作主要是处理销售订单询问，部门的业务变化主要取决于询问订单量的大小。表 6-3 是张明所在部门一季度的成本报表。

表 6-3　鑫源公司一季度成本报表

单位：万元

项　　目	一月	二月	三月	本年度截至目前
业务量	**5 100**	**4 915**	**5 550**	**15 565**
人工成本				
工资	15 000	15 700	16 100	46 800
职工五险一金	1 500	1 570	1 610	4 680
养老金	750	785	805	2 340
工资单其他支付内容	375	393	403	1 171
出差及津贴	200	210	175	585
车辆费	0	0	0	0

续表

项 目	一月	二月	三月	本年度截至目前
招聘	0	750	0	750
员工福利	200	20	50	270
培训	150	0	900	1 050
临时员工	900	450	0	1 350
小计	19 075	19 878	20 043	58 996
设备成本				
租金	750	750	750	2 250
费用	400	400	0	800
服务	250	400	250	900
维修	0	150	0	150
保洁	150	150	150	450
小计	1 550	1 850	1 150	4 550
行政成本				
电信费用	450	350	400	1 200
办公用品	350	250	500	1 100
信息技术成本	550	550	500	1 600
邮递费	150	200	150	500
其他行政费用	0	120	50	170
小计	1 500	1 470	1 600	4 570
管理费				
管理费用	1 000	1 000	1 000	3 000
固定资产折旧	400	400	400	1 200
公司保险费用	300	300	300	900
财务费用	375	375	375	1 125
小计	2 075	2 075	2 075	6 225
合计	**24 200**	**25 273**	**24 868**	**74 341**

人工成本和行政成本是直接计入成本中心的，而管理费、设备成本是从总成本中心分配过来的。

6.3 成本计算方法

6.3.1 单位成本计算

生产型企业在为产品定价时，企业的管理层需要知道产品的成本都有哪些，他们也需要了解市场价格，单位成本计算就是为了体现这样的成本信息而设计的。该方法与第5章所讲的成本报表的原理是相同的。在很多情况中，首先将成本集合成总数，然后除以产品数量，就得出了单位成本（如表6-4所示）。

案例与讨论　单位成本

表6-4　扫描仪的预估单价

项　　　目	金额（单位：元）
直接元件的成本	30
2小时组装的人工成本（20元/小时）	40
包装成本	5
直接成本	75
间接成本（分摊）	10
生产成本	85
营销成本（分摊）	28
直接分销成本	13
研发费用（分摊）	20
行政及其他管理费用（分摊）	13
总成本	**159**
利润	100
建议单件定价	259

问题：定价的过程是什么样的？

总结：

本示例中的演算过程：

直接成本 = 直接元件成本 + 人工成本 + 包装成本（30元 + 40元 + 5元 = 75元）；

生产成本 = 直接成本 + 间接成本（分摊）（75元 + 10元 = 85元）；

总成本 = 生产成本 + 营销成本（分摊）+ 直接分销成本 + 研发费用（分摊）+ 行政及其他管理费用（分摊）（85元 + 28元 + 13元 + 20元 + 13元 = 159元）；

建议单件定价 = 总成本 + 利润（159元 + 100元 = 259元）。

6.3.2　项目成本计算

单位成本计算对于以项目形式运作的企业就不适用了，尤其是建筑公司、顾问公司和广告公司等。原因在于大项目的成本很难套入每月或者每年的会计期间。所以，通常采用项目成本计算来计算项目全过程中的成本。

　　这类方法建立在员工时间分配体系的基础上，将员工的工作时间分配到项目成本中，情况基本如表 6-5 所示。

表 6-5　某项目的成本统计表

单位：元

项目收入	800 000
设计阶段	
150 人/工作日（250 元/天）	37 500
测试检测费	10 000
设计阶段小计	47 500
主要开发阶段	
2100 人/工作日（200 元/天）	420 000
分包商费用	60 000
项目现场管理费	23 000
备用金（10%）	50 300
主要开发阶段小计	553 300
完成阶段及保修	
试运转成本	23 000
保修（销售价值的 2.5%）	20 000
完成阶段小计	43 000
项目成本合计	**643 800**
项目利润	**156 200**

6.3.3　盈亏平衡分析

　　在分析了产品总体成本、利润中心总体成本以及企业整体成本的常见模式之后，会得出以下的坐标图：图 6-1 代表的是固定成本的模式（即无论产量如何，这部分成本保持不变）。图 6-2 则在原有的固定成本基础上加入了可变成本，从而形成总体成本。最后的图 6-3 增加了销售收入。销售收入和成本合计的交叉点就是盈亏平衡点，它代表的是当销售收入等于成本时的销售量。如果销售量曲线处于平衡点左侧（即低于盈亏平衡点），就表示亏损；相反，如果销售量曲线处于平衡点右侧（即高于盈亏平衡点），就表示盈利。通过这种方法制作各种相关图表，有利于掌握销售量，从而实现利润目标。

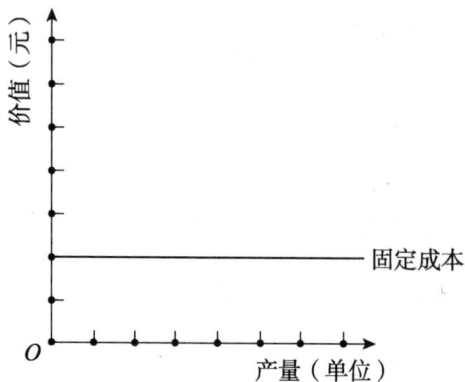

图 6-1　固定成本

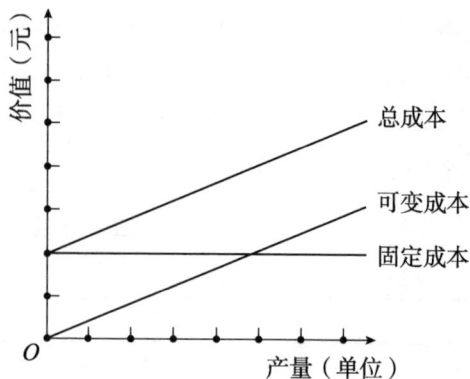

图 6-2　固定成本及可变成本

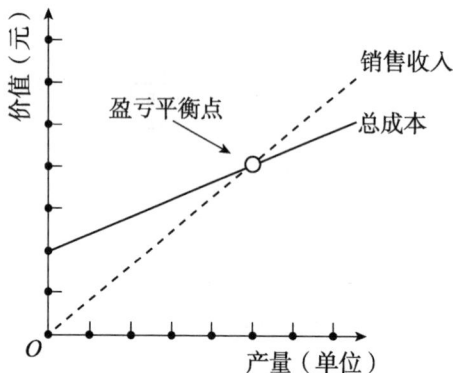

图 6-3　盈亏平衡点

固定成本和可变成本与盈亏平衡点之间的关系随企业业务性质的不同而变化。资本密集型企业（大量投资在地产、厂房和设备的企业）的固定成本很高，因此盈亏平衡点也就很高；劳动密集型企业的可变成本波动很大，因此盈亏平衡点很低。最通俗易懂的例子就是出售同样货物的百货公司和邮购公司。百货公司通常在主要街道，场地费高昂，而且每个部门都有库存，营业时间还必须动用营业人员，而人员的固定成本又相当高。

相反地，邮购公司仅仅需要少量人手和产品目录就够了，公司办公地点可以选择相对便宜的场地，公司也不用库存陈列品，所以盈亏平衡点自然要比百货公司低。

6.3.4　其他成本计算方法

除了上文提到的几种成本计算方法外，在某些行业会还会使用其他一些成本计算的方法，如标准成本计算法、边际成本计算法、机会成本计算法等。

1. 标准成本计算

以产品为基础的企业，传统上采用标准成本计算方法作为计划控制的依据。这种方法不仅预计间接费用，而且直接材料和直接人工等也是按预计的数字来计算的，这种成本的计算方法也常被称为"标准成本制度"。

标准成本是指在正常和高效率的运转情况下制造产品的成本，而不是指实际发生的成本。标准成本计算首先要建立一套标准的产品成本"档案"。成本"档案"同样适用于服务类行业，例如，可以建立一套处理客户询问的标准成本"档案"。

标准成本具有下列一些用途：

（1）标准成本可用于控制成本。标准成本为评价管理人员工作的好坏——把实际已经做的和应该做的进行比较提供了基础，如果是顺差，表示经营的结果优于预期；而如果是逆差，则表示经营的结果不如预期。这种差额的计算对分析和控制成本是非常重要的。

（2）用于决策。标准成本通常用来作为确定销售价格的基础，特别是在确定不属于同批产品的销售价格时，更要以标准成本为基础。

（3）使成本计算更合理。同样的产品有同样的成本。

（4）减少成本会计的工作量。

2. 边际成本计算

边际成本计算仅仅考虑可变成本，这一方法基本上只用在以下情况：计算超出盈亏平衡点的额外活动的成本，也称"变动成本计算"。

案例与讨论　边际成本

以前面 6.3.1（表 6-4）谈到的扫描仪成本模式为例，进行边际成本计算时考虑的仅是生产额外产品时发生的成本，只有生产成本和分销成本才适用于边际成本计算方法，其中边际成本见表 6-6。

表 6-6　扫描仪边际成本表

单位：元

项　　目	金　　额
生产成本	85
直接分销成本	13
边际成本	**98**

问题： 边际成本和完全成本是多少？

总结： 单位产品的边际成本为 98 元，而完全成本则是 159 元。

根据表 6-6，边际成本 = 生产成本 + 直接分销成本（85 元 + 13 元 = 98 元）；

根据表 6-4，完全成本为 159 元。

步骤与方法　安全边际计算

安全边际是指盈亏临界点以上销售量，即现有销售量超过盈亏临界点的差额。它标志着从现有销量或预计可达到的销量到盈亏临界点还有多大的差距。这个差距说明现有或预计可达到的销售量再降低多少，企业就会发生亏损。这个差距越大，说明企业发生亏损的可能性越小，企业的经营就越安全。安全边际可以用绝对数表示，也可以用相对数表示：

（1）用绝对数表示的安全边际，其计算公式如下：

安全边际 = 现有（或预计可达到）的销售量 – 盈亏临界点的销售量

（2）用相对数表示的安全边际，又称为安全边际率，它是用安全边际除以现有或预计可达到的销售额所得的比率。其计算公式如下：

安全边际率 = 安全边际 ÷ 现有（或预计可达到）的销售量

3. 机会成本计算

运用机会成本计算方法来评估投资是业务决策的一种方法，这种方法以提出"是否有比计划书的提议更好的利用投资方式"一类问题为基础。一个典型的例子是："我把这笔资金投入到国债将获得的回报比投入到这个项目更多吗？"

本章小结

通过本章的学习，我们知道了成本的类型和影响成本的主要因素，学习了可控成本和非可控成本的概念，掌握了建立业务成本模式的方法，了解了单位成本计算、项目成本计算，知道了如何进行盈亏平衡分析，并在本章的最后学习了标准成本计算方法、边际成本计算方法和机会成本计算方法的概念。

思考与练习

1. 在生产型的企业中，成本分为哪几类？每一类都包括哪些成本？

2. 单位成本计算和项目成本计算的区别是什么，分别适合什么样的企业？

3. 什么是盈亏平衡分析？思考哪些企业的盈亏平衡点高，为什么？

4. 其他成本核算方法有哪些？如何运用？

第 7 章　财 务 预 算

学习目标

1. 掌握财务预算的内涵和形式；
2. 掌握团队领导进行财务预算的过程；
3. 重点掌握财务预算的技巧；
4. 重点掌握改进预算的辅助手段。

学习指南

　　预算和财务预算是大家经常能听到和用到的词汇。比如对个人来说，人们在存钱准备度假或购车时会谈到"预算"；对国家来说，年度预算是财政部长负责，在预算时需要考虑如何让整个国家的财政盈亏平衡。在商业环境下，表面上看财务预算仅是会计部门的工作，但预算过程的重要性还在于它提供了回顾业务运作过程的机会。本章从对计划的层次体系的回顾开始，阐述了计划的层次体系是计划体系中的一种方式，它使财务预算层层渗透到企业的各个部分；然后讲解财务预算的内涵、形式和编制技巧，其中还涉及团队领导进行财务预算的过程。

关键术语

　　计划的层次体系　财务预算　曲棍球棒曲线预测　财务预算技巧　财务预算辅助手段

7.1　计划的层次体系

　　在较大型的企业里，财务预算不过是计划层次体系中的一个环节。计划层次体系的最上层是业务总监确立的通过"企业宗旨"或"企业目标"等表述的总体业务方向，有时会伴随有一个战略计划。战略计划通常是一个企业在 3～5 年内如何实现目标的远景规划。财务预算是战略计划的具体表现，旨在全面完成战略计划的年度任务。图 7-1 展示了整个计划层次体系的内容，表示战略计划过程（中列）与外部的投入（左列）和实际实施过程中的内部反馈（右列）之间的相互关系。

外部投资　　　　　　战略计划过程　　　　　　内部反馈

业务使命　　　　　　　关键因素

外部趋势：　　　　　长远目标
——市场　　　　　　短期目标
——竞争
——经济学　　　　　长期战略

业务计划

市场价格、竞争　　　年度预算指导

预算过程　　　　　　战术　改变
　　　　　　　　　　预算　审核

长期战略　　　　　　实施

监督控制　　　　　　实际结果

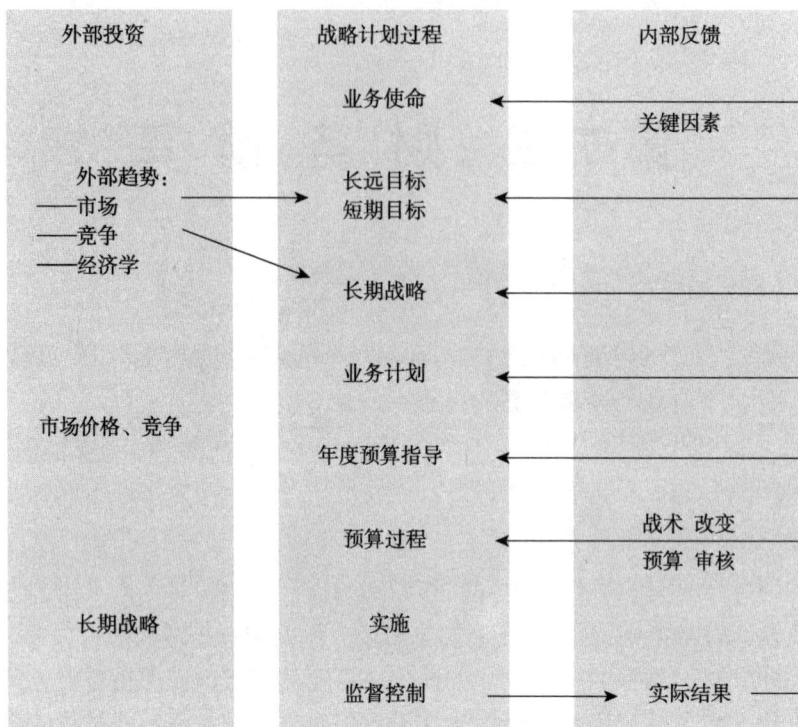

7.2　财务预算

财务管理的环节包括财务预测、财务决策、财务预算、财务控制和财务分析等。财务预算与财务预测、财务决策及控制等环节的关系是：财务预算需要以财务预测的结果为根据，比财务预测更具体；财务预算必须服从决策目标的要求，同时财务预算使决策目标具体化、系统化、定量化；而且，财务预算是财务控制的先导。

具体来说，财务预算是一系列专门反映企业未来一定预算期内预计财务状况和经营成果，以及现金收支等价值指标的各种预算的总称。它包括现金预算、预计利润表、预计资产负债表和预计资金流量表。

7.2.1　财务预算的形式

本章主要关注的是有关业务部门和企业的盈利预算和亏损预算，除此之外，其实还有一些其他形式的财务预算。

　　财务预算主要用来确定企业预期的现金收入和现金支出以及预期的财务报表，它是编制企业总预算的依据之一。一般根据上期末的资产负债表、本期的营业预算、资本支出预算等编制。它主要由生产成本预算、现金回收预算、现金支出预算以及预期资产负债表、预期损益表和预期现金流量表等组成。

　　○　单位成本和项目计划：这里的预算和第 6 章提到的成本模式是相辅相成的。

　　○　编制资本预算：如果不准备编制盈亏平衡表和对现金流量状况进行预测，企业的预算就不是一个完整的预算。为此，我们有必要对车辆或计算机等资产项目购置进行预算。很多企业要求把完成资本预算表作为年度预算编制过程中的一部分。

7.2.2　团队领导的财务预算

　　团队的领导者可能会在一定程度上参与设计企业的战略计划项目，但是他们更有可能参与准备年度财务预算的过程。团队领导准备财务年度预算的过程如下：

步骤与方法　财务预算的步骤

　　第一步：财务部门发布预算指导。

　　○　管理方向和目标；

　　○　主要假定解释（例如加薪假定或通货膨胀）；

　　○　填写表格。

　　第二步：参与预算人员对预算因素进行分析。

　　○　在预算期间内会产生影响的外在因素；

　　○　有哪些内部因素和我们的预算有关（尤其是关键的成本动因）；

　　○　对于效率和生产力进行预测的方法。

　　第三步：填写并提交预算表格。

　　第四步：调整并审核总体预算。

　　第五步：如结果能够接受，通过预算审核；如结果不能让人接受，返回预算表格并进行修正（通常需要降低成本），再从第二步开始重新进行整个过程。

案例与讨论　财务预算

　　我们继续以鑫源公司为例，来学习团队领导者可能涉及的费用预算表（如表 7-1 所示）：

表 7-1 鑫源公司预算报表

单位：万元

项 目	一月	二月	三月	一季度
业务量（收入）	**4 900**	**4 800**	**5 150**	**14 850**
人工成本				
工资	15 000	15 000	15 800	45 800
职工五险一金	1 500	1 500	1 580	4 580
养老金	750	750	790	2 290
工资单其他支付内容	375	375	395	1 145
出差及津贴	100	100	100	300
车辆费	0	0	0	0
招聘	0	0	900	900
员工福利	100	100	100	300
培训	300	300	300	900
临时员工	900	900		1 800
小计	19 025	19 025	19 965	58 015
设备成本				
租金	750	750	750	2 250
费用	400	400	0	800
服务	300	300	300	900
维修	50	50	50	150
保洁	150	150	150	450
小计	1 650	1 650	1 250	4 550
行政成本				
电信费用	350	350	350	1 050
办公用品	300	300	300	900
信息技术成本	550	550	550	1 650
邮递费	175	175	175	525
其他行政费用	100	100	100	300
小计	1 475	1 475	1 475	4 425
管理费				
管理费用	1 000	1 000	1 000	3 000
固定资产折旧	400	400	400	1 200
公司保险费用	275	275	275	825
财务费用	450	450	450	1 350
小计	2 125	2 125	2 125	6 375
合计	**24 275**	**24 275**	**24 815**	**73 365**

> **问题：**根据数据，你会作出什么预测？
> **总结：**以下是预测内容：
> ○　业务量（决定部门员工设置的最大因素）预期上升；
> ○　原有的临时人员在三月份时将被一名增添的正式员工所替代；
> ○　设备成本评估将由设备部经理提供；
> ○　一般行政成本由财务总监提供；
> ○　行政成本是基于上年实际费用的趋势进行预测的。

7.3　财务预算编制技巧

在做财务预算时，需要注意提高绩效，同时应避免曲棍球棒曲线预测问题（如图 7-2 所示）。

许多预算经常是无效的，因为没有任何实际证据能证明"影响本预算的某种情况"已经确实发生，最典型的例子就是对销售量的预测。如预算是在生产力得到改善的假设下进行的，并没有事实支持，预算自然就不能通过论证。这种情况分别表现为以下两种情形：

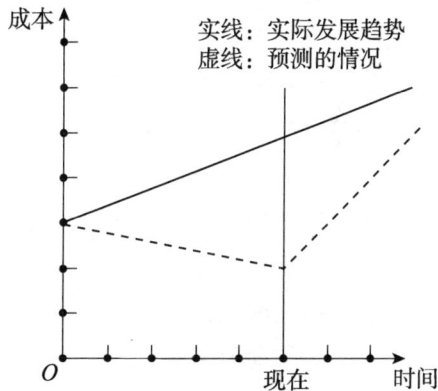

图 7-2　曲棍球棒曲线预测图

情形一：仅仅在上一年度预算的基础上增加一定百分比的预算。这是假定了"业务照旧"，通过一个"基础"预算凑合作出的预算。

情形二：盈亏不平衡的预算，通常是为了满足财务预算目标而临时砍掉某项预算造成的。这种现象在预测销售量增加时尤其可能产生，但是为实现销售量增加必须支出的费用，如广告宣传费用等并未计算在内。

步骤与方法　预算的辅助手段

○　围绕关键性预测（假定）展开灵敏度分析

预算往往是建立在一些关键性的预测或假定（如销售量预测）的基础上。但是肯定有人会问"如果实际销售量比预期少 10% 的话，会有什么情况发生？""万一实际销售量比预期多 10% 的话，又会有什么样的结果？""如果我们订购的新计算机系统不能按时交货，会产生哪些额外成本？"等诸如此类的问题。对此，应该准备一套应急措施，以处理任何可能的预算风险。

○　对新生事物或者重大变化作出理性判断

在做预算时，一定要遵循会计谨慎性原则，需要对新生事物或者可能出现的重大变化作出理性的判断。

同时你需要了解财务预算的编制中遵守的会计的基本原则。

步骤与方法　会计的基本原则

○　客观性原则；

○　可比性原则；

○　明晰性原则；

○　历史成本原则；

○　实质重于形式原则；

○　权责发生制原则；

○　及时性原则；

○　划分收益性支出与资本性支出原则；

○　配比性原则；

○　相关性原则；

○　一贯性原则；

○　谨慎性原则；

○　重要性原则。

下面的训练与练习将帮助你进一步熟练如何进行预算编制。

训练与练习　预算编制

问题：

通过以上学习请回答下面问题：

（1）业务的预算编制过程是怎样进行的？

（2）对于编制过程，有何改进的意见？

总结：

在编制预算的过程中，组织可以先对收入和资源需求作出预测，根据预测开始编制预算，然后对预算的执行进行监督。

本章小结

通过本章的学习，我们知道了对于大型企业如何进行分层次的财务计划，了解了财务预算的基本原则，学习了团队领导进行财务预算的方法，学习并掌握了财务预算的改进技巧和基本形式。

思考与练习

1. 改进预算的辅助手段包括哪些？
2. 财务预算的内涵与形式是什么？呈现的报表有哪几类？

第8章 差异分析的效果

学习目标

1. 了解预算控制和差异分析；
2. 了解其他预算控制因素；
3. 掌握最佳绩效模式；
4. 重点掌握通过预算改善绩效的方法。

学习指南

经过前面的学习，我们已经对财务管理有了大致的了解。在本章，我们将通过差异分析来回顾预算控制过程。差异分析是用来对实际绩效和预测绩效之间的差异进行检验的程序，它为我们进行预算控制提供了相关信息。在这一章中，我们将深入探讨差异分析的运用方式，同时将介绍最佳绩效模式，并探讨团队领导者提高企业业绩的方法。

关键术语

预算控制　差异分析　预算控制因素　最佳绩效模式　改善绩效

8.1 预算控制和差异分析

预算控制是根据预算对实际盈亏所进行的控制，它是指导财务收支、明确经济责任、衡量工作成果的有效措施。通常的做法是：根据既定经营政策和实际情况，结合企业内部分工制度，事先制定各项收支的预计数，以指导实际收支，并定期地将实际收支数与预计数比较，查考、分析其间差异发生的原因，据以采取措施，加强控制。

采用预算控制和差异分析，有利于既定经营政策和目标的实现，又可为修订政策提供必要的资料和指导。

从上面预算控制的方法可以看出，预算实施后，只有在与执行结果的对比中，才能看到预算的真正价值。实际结果与预算推测结果之间的出入就是所谓的差异，差异分析是一项重要任务。尽管有时候造成差异仅仅是由于计划不周密，但总体来说，造成差异的原因是多种多样的，典型的原因有：

- ○ 业务级别的改变：直接成本可能会受此影响；
- ○ 价格或成本的差别：价格（成本）的预测与实际成本（价格）之间的差别；
- ○ 效率或生产力因素：在假定的效率或生产力基础上建立预算成本。例如，预测销售小组每月能够卖出 20 件产品，而实际上只卖出了 18 件，这就是销售生产力的预测逆差；
- ○ 计划外支出。

对差异进行分析，可以给经理和业务主管们提供有章可循的信息。特别要注意的是，分清楚差异是一次性的还是一种趋势的开始是至关重要的，这样做的目的是减少逆差的发生，并扩大有利因素。

案例与讨论 差异报告

表 8-1 鑫源公司三月份差异报告

单位：万元

差 异 报 告							
部门：售后咨询部							
项　目	预算	实际	差异	本年度截至目前			
				预算	实际	差异	差异率（%）
业务量	5 150	5 550	(400)	14 850	15 565	(715)	4.8
人工成本							
工资	15 800	16 100	(300)	45 800	46 800	(1 000)	2.2
职工五险一金	1 580	1 610	(30)	4 580	4 680	(100)	2.2
养老金	790	805	(15)	2 290	2 340	(50)	2.2
工资单其他支付内容	395	403	(8)	1 145	1 171	(26)	2.3
出差及津贴	100	175	(75)	300	585	(285)	95.0
车辆费	0	0	0	0	0	0	0.0
招聘	900	0	900	900	750	150	−16.7
员工福利	100	50	50	300	270	30	−10.0
培训	300	900	(600)	900	1 050	(150)	16.7
临时员工	0	0	0	1 800	1 350	450	−25.0
小计	19 965	20 043	(78)	58 015	58 996	(981)	1.7

差 异 报 告

部门：售后咨询部

项　目	预算	实际	差异	本年度截至目前			
				预算	实际	差异	差异率（%）
设备成本							
租金	750	750	0	2 250	2 250	0	0.0
费用	0	0	0	800	800	0	0.0
服务	300	250	50	900	900	0	0.0
维修	50	0	50	150	150	0	0.0
保洁	150	150	0	450	450	0	0.0
小计	1 250	1 150	100	4 550	4 550	0	0.0
行政成本							
电信费用	350	400	(50)	1 050	1 200	(150)	14.3
办公用品	300	500	(200)	900	1 100	(200)	22.2
信息技术成本	550	500	50	1 650	1 600	50	−3.0
邮递费	175	150	25	525	500	25	−4.8
其他行政费用	100	50	50	300	170	130	−43.3
小计	1 475	1 600	(125)	4 425	4 570	(145)	3.3
管理费							
管理费用	1 000	1 000	0	3 000	3 000	0	0.0
固定资产折旧	400	400	0	1 200	1 200	0	0.0
公司保险费用	275	300	(25)	825	900	(75)	9.1
财务费用	450	375	75	1 350	1 125	225	−16.7
小计	2 125	2 075	50	6 375	6 225	150	−2.4
合计	24 815	24 868	(53)	73 365	74 341	(976)	1.3

问题：

鑫源公司的差异报告是什么样？

总结：

我们一起看看其三月份的差异报告（如表8-1所示）。

从表 8-1 可以看到，张明的部门当月及本季度都超出预算了，这种情况下，应该在本月的管理会上解释造成主要差异的所有原因。以下摘自张明对主要差异作出的解释：

（1）总体业务比预计发展得快，所以第一季度超出预算 4.8%（业务量差异率）；

（2）由于业务量增加，所以新员工招聘计划提前，本季度薪水支付增加了 1 000 万元，但同时减少雇用的临时人员数，降低了 450 万元的成本，此外招聘成本也比预期减少了 150 万元；

（3）由于年度公司保险费用比预计高，所以每月的公司保险费用比预期的高出 25 万元；

（4）由于利率比财务部门预计低，所以每月的财务费用比预计减少 75 万元。

除了例子中提到的几个因素，不同的企业有不同的财务报告表现形式，但是都可能涵盖以下几方面内容：

○ 其他非财务因素：除了业务因素之外，在实际中的报告可能包括员工数量、生产力效率因素或其他绩效表现的指标；

○ 比率及（或）百分比：在某些业务中一定比率及（或）百分比是关键的指标；

○ 图表结果：在图表中通常可以更容易地显示变化趋势；

○ 与上年结果的比较：提供一项相对的指标；

○ 全年预测：除了差异分析，有些企业会要求在一年中不断对预算进行修正，即采取弹性预算。

8.2 改善绩效

8.2.1 最佳绩效模式

由于绝大多数企业都有"不断降低成本"的要求，所以团队领导要能够提供改善成本效率的建议。在业务、效率和质量之间一定要保持平衡，如图 8-1 表现的"最佳绩效"模式所述。

对于团队领导来说，可以通过提高效率或生产力从而在一定程度上降低成本。要注意的是，这里的"一定程度"不能是以牺牲业务量或者质量为前提。团队领导应该努力把握如何实现最佳平衡。

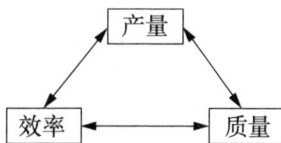

图 8-1　最佳绩效模式图

8.2.2 绩效的改善方法

团队领导可以利用以下方法改进成本效率：

○ 减少浪费：有些采购项目是否非买不可？有没有可以避免的内部服务项目？

○ 提高绩效：在同样成本的基础上取得更多的业务，或者在取得同样业务的基础上降低成本。值得一提的是，在后一种方法里，只有成本确实降低了才能提高效率。

○ 改善质量：绝大多数情况下，改善质量总是能提高成本效率。正如上文已经提到的，改善质量甚至对管理也会产生正面影响，同时能够降低费用。例如，如果发票金额总是正确的，客户的疑问就会减少，付款也会及时。

本章小结

通过本章的学习，我们知道了预算控制和差异分析的方法，然后了解了其他预算控制因素和最佳绩效模式，最后学习了如何通过财务预算改善绩效。

94

思考与练习

1. 哪些原因可能导致预算与实际结果产生差异？
2. 团队领导者可以通过哪些方法改善经营绩效？为什么？

实践与实训

指导：

○ 如果你们团队目前还没有做成本预算，那么就用下面的表格来编制一份预算吧。你只需要填入预算项（你可以对它进行调整以适应自己实际的预算标题），然后列出你做的主要预测。

○ 如果你已经做了团队预算，那么只需要列出主要的预测内容，剩下的工作就是审核预算。突出那些容易造成差异的预算项，并且提出降低差异发生频率的可行措施。

成本预算审核表

月　份	1	2	3	4	5	6	7	8	9	10	11	12	合计
业务活动动因													
直接的业务成本													
薪水成本													
设备													
其他成本													

总结：

成本预算是团队领导必须掌握的技能，需要在实践中不断学习体会，才能不断提高。

单 元 测 试

一、单选题

1. 传统的成本分类方法将成本分为三种形式，这种分类方法产生于（　　　）企业。

    A. 生产型　　　　B. 商业型　　　　C. 流通型　　　　D. 中介型

2. 关于财务预算及其形式，说法不正确的是（　　　）。

    A. 财务预算是财务管理的一个重要环节

    B. 财务预算是编制企业总预算的依据之一

    C. 预计资产负债表和预计损益表都是财务预算的形式

    D. 财务预算的先导是财务控制

3. 根据我国现金管理的规定，正确的做法是（　　　）。

    A. 各单位不能留存现金

    B. 各单位可以根据自己的需要来决定留存现金的数额

    C. 现金的收入、支出和保管业务由单位经理负责办理

    D. 各单位可以留存一定限额的现金，但是超过限额部分必须当天存入银行

4. 预算往往是建立在一些假设（如销售量预测）的基础上，但这些假设可能并不适应于下一个时间周期，这就需要在做预算时留出一定的空间以应对可能发生的变化。这一思想是预算辅助手段中的（　　　）。

    A. 围绕关键性预测展开灵敏度分析　　B. 对新生事物作出理性判断

    C. 对重大变化作出理性判断　　　　　D. 只利用一种成本计算方法

5. 一家出版社某书籍的预计销售量是 30 000 本，盈亏临界点的销售量是 20 000 本，库存量是 5 000 本，该公司的安全边际是（　　　）本。

    A. 10 000　　　　B. 15 000　　　　C. 5 000　　　　D. 25 000

6. 支出（成本）包括三种形式，工资和办公费用属于企业支出形式中的（　　　）。

    A. 混合支出　　　B. 营业支出　　　C. 资本支出　　　D. 普通支出

7. 关于预算差异及产生差异的原因，说法不正确的是（　　　）。

    A. 业务级别的改变可能会导致预算和实际产生差异

    B. 预算和实际实施结果往往有差异，因此做预算没有太大意义

C. 对差异进行分析，可以给经理和业务主管提供有章可循的信息

D. 一些不可控的计划外支出可能对预算的结果产生影响

8. "有些采购项目是否非买不可？"思考这一问题是从（　　　　）角度来改进成本效率的。

　　A. 提高绩效　　　　B. 减少浪费　　　　C. 改善质量　　　　D. 缩减人员

二、案例分析

某公司的母公司及控股股东是中外合资企业，总股本 60 亿股，在国内发行 3.5 亿股 A 股，其中流通股 2.5 亿股，而后分别在香港、纽约上市。某公司财务报表分析（某公司 年报简表）见表。

财务报表

单位：万元

项目/年度	2017	2018	2019
1. 应收账款余额	235 683	188 908	125 494
2. 存货余额	80 816	94 072	73 946
3. 流动资产合计	830 287	770 282	1 078 438
4. 固定资产合计	3 840 088	4 021 516	3 342 351
5. 资产总计	5 393 006	4 840 387	4 759 474
6. 应付账款	65 310	47 160	36 504
7. 流动负债合计	824 657	875 944	1 004 212
8. 长期负债合计	915 360	918 480	957 576
9. 负债总计	1 805 327	1 841 584	1 998 292
10. 实收资本	2 189 526	2 049 931	1 945 097
11. 留存收益	1 398 153	948 870	816 085
12. 股东权益总计	3 587 679	2 998 801	2 761 182

根据以上案例，回答以下各题。

1. 某公司的财务报表是（　　　　）。

　　A. 产量表　　　　B. 资产负债表　　　　C. 损益表　　　　D. 现金流量表

2. 该财务报表反映了某公司（　　　　）。

　　A. 一定时期资金流入和流出的情况

　　B. 一个财政年度里的盈利或亏损状况

　　C. 资金的使用情况

　　D. 资产和所有者权益的构成情况

3. 该报表中的留存收益加上支付给股东的股息等于损益表中的（　　　）项目。

    A. 税后净利润　　　　B. 税前利润　　　　C.销售利润　　　　D. 销售毛利

4. 从表中可以看出，我们通常所说的所有者权益是指（　　　）。

    A. 负债总计　　　　B. 资产总计　　　　C. 股东权益　　　　D. 未分配的利润

5. 表中的留存收益不会用于（　　　）。

    A. 股息支付　　　　B. 购买存货　　　　C. 偿还债务　　　　D. 购买厂房

扫描二维码，查看参考答案。

98

第Ⅲ单元　工　作　环　境

　　据发达国家统计，每年因为在工作场合吸入石棉纤维而死亡的有 9 万人；因为工作环境不佳而患肺癌死亡的人占患癌症死亡人数的 10%；因为在工作环境吸入化学物质苯患上白血病的人数以千计；保证员工的健康和安全，使他们即使在较大压力和劳动强度下也能拥有健康、确保安全。企业应给人才的生存、成长提供优越的环境和条件，推动人力资源的良好发展。企业应创造出一个"爱护人才"的良好社会氛围，真正去调动员工的积极性，在人才竞争日益激烈的今天，使企业能保留住一支素质良好且有竞争力的人才队伍。对企业而言，建立良好的工作环境才是吸引和留住人才的关键。

　　健康和安全问题始终围绕着我们，因为这都是人最基本的需求。大家在生活中的安全与健康意识都比较强，这不是本单元讨论的重点。我们讨论的重点是工作环境中的安全。学习如何确保健康与安全的工作环境。

　　我国有许多相关的法律法规对如何确保工作环境的健康和安全作出了各种规定，强制性要求避免或减少意外事故的发生，要求建立专门的制度和措施，从而使人们在工作中能够得到基本的安全保证。我们的社会和企业也通过各种方法和措施来预防工作中发生事故，保障员工的健康和安全。

工作环境

- 9. 健康与安全法律法规
  - 健康与安全法律法规的重要性
  - 权利与义务
    - 职工享有的安全生产保障权利
    - 职工应尽的安全生产保障义务
  - 我国重要法律法规
    - 《安全生产法》
  - 国外相关法律法规简介

- 10. 健康与安全的实现
  - 健康与安全管理的重要性
  - 方法与措施
    - 培训与教育
    - ★三级安全教育
  - 健康与安全的责任
    - ★团队领导和员工的责任
  - 绩效管理和健康与安全

- 11. 事故预防
  - 事故的分类
    - 生产安全事故的分类
  - 安全评价方法
    - 危险性等级划分
    - 安全检查表的类型
  - 预防事故的原则
    - 预防事故的原则
  - 降低风险的原则

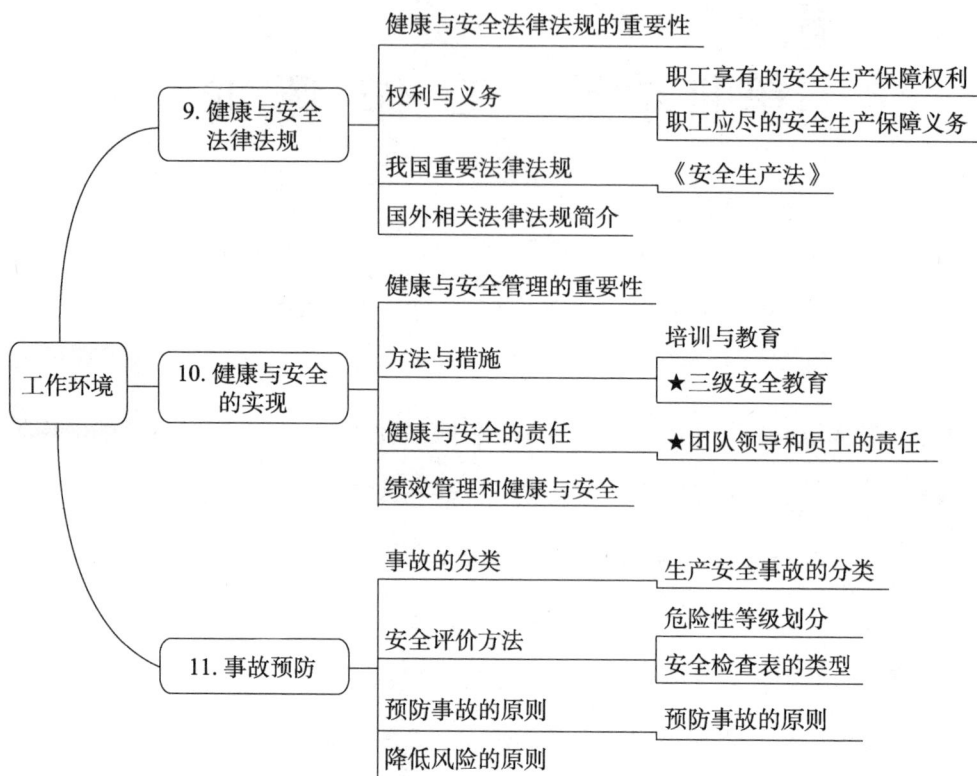

★代表本部分是案例重点考核内容。

扫描二维码，学习本单元概况。

第 9 章　健康与安全法律法规

学习目标

1. 了解健康与安全法律法规的重要性；
2. 了解国外健康与安全相关的法律法规；
3. 掌握我国健康与安全相关的重要法律法规；
4. 重点掌握法律规定职工享有的权利和应尽的义务。

学习指南

　　无论是在国内还是国外，政府都对工作中的健康与安全作出了各种规定，强制执行以保障员工的各种权利。结合我国实际和自己工作，学习和掌握这些知识，提高自己的法律意识。

关键术语

　　健康与安全法律法规　职工享有的权利与应尽的义务

9.1　健康与安全法律法规的重要性

　　与过去相比，企业领导和员工的法律意识都有了很大的提高，对如何依法保护自身的合法权益等有关的法律知识也有了一定的了解。但是，依法行使权利从理论上把握不难，而如何落实到行动上，真正做到学以致用，却绝非易事。尤其是员工的法律意识淡薄，有的甚至没有法律意识。当自己的合法权益受到不法侵害时，不懂得依法维护，保障自己的合法权益，反而采取忍声吞声或采取非法报复等手段，这些行为都是错误的。无论是领导还是普通员工都应该有依法办事、依法治理的觉悟，要依法保障自己的合法权益，正确行使自己的权利。

案例与讨论 超法定退休年龄的劳动者受伤算工伤吗

63 岁的乔女士入职某外企从事保洁工作，双方未签订书面劳动合同，该外企也没有为乔女士缴纳社会保险，双方仅签订了一份承揽合同。八个月后，乔女士在进行地下车库清扫工作时发生交通事故当场死亡，且乔女士死亡之前未享受基本养老保险待遇。

问题：

1. 乔女士与某外企之间是否具有劳动关系？

2. 乔女士的死亡是否可以认定为工伤？

总结：

1. 是否认定为劳动关系，不应仅看承揽合同的形式。乔女士与该外企符合建立劳动关系的主体条件，某外企的制度适用于乔女士，乔女士接受该外企的管理，乔女士从事的劳动属于某外企的业务组成部分。根据《劳动合同法》第七条之规定，乔女士与某外企之间符合确立劳动关系的实质要件，因此可认定为劳动关系，承揽合同仅是表现形式。

2. 根据《最高人民法院（2010）行他字第 10 号批复》规定，超过法定退休年龄的进城务工农民工应当适用《工伤保险条例》的有关规定进行工伤认定，这也表明超过法定退休年龄的劳动者与用人单位之间可以形成劳动关系。

102

9.2 权利与义务

9.2.1 职工享有的安全生产保障权利

1. 求偿权

求偿权是指获得安全保障、工伤保险和民事赔偿的权利。主要包括以下几个方面：

（1）享有工伤保险和伤亡赔偿的权利；

（2）发生生产安全事故后，职工有权依照劳动合同和工伤保险有关规定，享有相应的补偿金；

（3）职工获得工伤保险补偿和民事补偿的金额标准、领取和支付程序必须符合法律、法规和国家的有关规定。

企业不得以任何形式与从业人员订立协议，免除或者减轻其对从业人员因生产安全事故伤亡依法应承担的责任。即使在劳动关系中添加了免除企业责任的条款，该条款也是无效的。

案例与讨论　出游受伤

员工小黄在单位组织的春游中，不慎摔伤，共花费医疗费 12 000 元，小黄认为此次活动是单位组织的，应算工伤。单位则称，是职工自己不小心，而且不是在工作岗位上，单位不能为其申请工伤。

——摘自工伤赔偿法律网

问题：

1. 此种情况是否属于工伤？

2. 该案例给你什么启示？

总结：

1. 从字面上看，根据《工伤保险条例》的规定，由于职工并非在工作过程中受伤，所以不属于工伤的范畴。但是，旅游活动是由公司组织并承担经费的企业文化活动，一般而言，公司将员工参加旅游活动视为正常出勤，并计算工资，这说明公司组织旅游与工作有本质联系，是职工工作的延续。小黄在公司的鼓励下参加活动应属于工作范畴，不慎摔伤构成工伤认定的正当工作原因。根据《最高人民法院关于审理工伤保险行政案件若干问题的规定》第 4 条，职工参加用人单位组织或者受用人单位指派参加其他单位组织的活动受到伤害的，社会保险行政部门应当认定为工伤。

2. 对公司从业人员来说，任何情况下都要树立安全意识，善于用法律捍卫自己合法权益。具体来说：（1）提高安全意识，树立安全观念。对待周围有可能发生危险的事物采取谨慎科学的态度，因为正确的树立安全意识是安全工作开展的基础；（2）法律必须遵守，同时法律又是保护企业和广大劳动人民根本利益的武器。如果从业人员的权利受到侵犯，就可以拿起武器加以维护。

103

2. 知情权

企业有义务在与职工签订的劳动合同中明确告知其所从事的工作的危险因素和事故应急措施。否则，企业就侵犯了职工的权利，由此产生的一切后果由企业负责。根据《安全生产法》第四十一条，规定了生产经营单位应当教育和督促从业人员严格执行本单位的安全生产规章制度和安全操作规程；并向从业人员如实告知作业场所和工作岗位存在的危险因素、防范措施以及事故应急措施。《安全生产法》第五十条则规定了生产经营单位的从业人员有权了解其作业场所和工作岗位存在的危险因素、防范措施及事故应急措施。

案例与讨论　员工值班打瞌睡恰遇安全事故

> 　　李某是某造纸公司下属造纸厂的员工。在上夜班时，纸辊架上原有的半成品纸辊突然坍塌，砸向正坐在车间内门边打瞌睡的李某，李某躲闪不及，造成右脚踝骨骨折。
>
> ——摘自华律网
>
> **问题：**
> 李某所在的公司应该为这起突发安全事件负责吗？
> **总结：**
> 　　首先，李某在夜班工作期间因生理原因打瞌睡的行为，虽然违反劳动纪律，但并不能成为排除其工作原因受伤的法律依据；其次，造纸厂存在着生产上的安全隐患是导致原告受伤的内在原因，工作场所中纸辊坍塌才是导致原告受伤的直接原因。故应认定原告是在工作时间、工作场所内，因工作原因受伤，应当认定为工伤，公司应该负责。

3. 检举建议权

检举建议权是指有对安全生产问题提出批评、建议的权利。

每一个职工都是企业的主人，职工有权对本企业安全生产管理工作存在的问题提出建议、批评、检举、控告，企业不得因此作出对职工不利的处罚。

4. 拒绝权

拒绝权是指对管理者作出的违规（法律、法规、制度、标准）指挥，职工有权拒绝执行。为了保障拒绝者的权益，《安全生产法》第五十一条明确规定，生产经营单位不得因从业人员对本单位安全生产工作提出批评、检举、控告或者拒绝违章指挥、强令冒险作业，而降低其工资、福利等待遇或者解除与其订立的劳动合同。

5. 紧急避险权

紧急避险权是指紧急情况下停止工作和紧急撤离的权利。

职工在行使这项权利的时候必须明确以下几点：紧急情况必须有确实可靠的直接根据，凭借个人猜测的应除外；紧急情况必须已经直接危及人身安全。在间接危及人身安全的情况时，应采取尽可能减少伤害和财产的临时措施；采取措施无效时，再撤离工作环境。

同样，《安全生产法》第五十二条也明确规定生产经营单位不得因从业人员在前款紧急情况下停止作业或者采取紧急撤离措施而降低其工资、福利等待遇或者解除与其订立的劳动合同。

9.2.2　职工应尽的安全生产保障义务

职工在享有获得安全生产保障权利的同时，也负有以自己的行为保证安全生产的义务。根据《安全生产法》，从业人员的义务主要包括：

1. 遵章守纪、服从管理，正确佩戴和使用劳动防护用品

企业安全管理人员有权依照规章制度和操作规程进行安全管理，监督检查职工遵章守纪情况，对于这些安全生产管理措施，职工必须接受并服从管理。依照法律规定，职工不服从管理，违反安全生产规章制度和操作规程的，由企业予以批评教育，依照有关规章制度给予处分；造成重大事故，构成犯罪的，依照《刑法》等有关规定追究刑事责任。

2. 接受安全生产教育和培训，掌握本职工作所需要的安全生产知识

作为一名合格的职工必须具备熟练的安全生产技能，以及对不安全因素和事故隐患、突发事故的预防、处理能力和经验。但是现实中，部分企业不搞安全培训和应急预案演练，导致职工缺乏应有的安全素质，因此违章违规操作酿成的事故比比皆是。为了确保职工接受培训、提高安全素质的法定义务，《安全生产法》第五十五条明确规定，从业人员应当接受安全生产教育和培训，掌握本职工作所需的安全生产知识，提高安全生产技能，增强事故预防和应急处理能力。

3. 发现事故隐患应当及时向企业安全生产管理人员或主要负责人报告

企业职工往往是事故的第一受害人，许多生产安全事故都是由于受害者本人在现场发现事故隐患和不安全因素后没有及时报告，以致延误了采取措施进行紧急处理的时机而导致的。所以，为了自身的安全，一定要尽职尽责，及时报告发现的事故隐患和不安全因素，以便尽早处理和消除。

训练与练习　权利与义务的关系

职工小王认为，职工在生产过程中只要享受权利就行了，至于义务就让别人履行吧；而职工小李认为，职工要积极履行义务，权利不要也行。

问题：

这两种说法对吗？为什么？

总结：

马克思说过这样一句话：没有无义务的权利，也没有无权利的义务。懂得如何履行义务才能依法享有权利、依法行使权利，同样不知道自身权利也很难正确履行义务。在日常工作中，常常有很多人对义务了解不多，对履行义务的意义也知道的不多，甚至会有履行义务是别人的事，履行义务与自己无关的想法；同时也有部分人体会不到职工权

利的神圣不可侵犯，当自身受到不公正的待遇时，不能够积极利用法律手段加以抗争。这两种想法都是不对的。

因此，在日常工作中，要按照法律的规定享有自己的权利并履行自己应尽的义务。

延伸与拓展　工伤保险与侵权赔偿的关系

工伤保险是指用人单位向社会保险机构缴纳一定的保险费，社会保险机构依法对劳动者的工伤事故进行必要的经济补偿的一种社会保险制度。工伤事故中的侵权损害赔偿是指劳动者在工作中因侵权行为，人身权遭受侵害，劳动者作为侵权行为的受害人，可根据《民法》中有关侵权行为的法律规定、相关司法解释的规定要求侵权人赔偿损失以寻求救济。与侵权赔偿相比，工伤保险赔偿更为便利，得到赔偿的时间更短，不用经历烦琐的诉讼流程，大大节约了劳动者的人力物力财力。然而，工伤保险赔偿的赔偿数额较低，往往难以对工伤事故中劳动者的身心损害进行充分的安抚，难以体现对侵权行为人的惩罚和被侵权劳动者的补偿；且无论用人单位有无过错，其承担的责任大体相当，难以体现对工伤事故中有过错的用人单位的惩戒性。当劳动者发生工伤时，是否可以寻求工伤保险赔偿与侵权损害赔偿的双重救济，不仅关系到劳动者、企业、侵权人的利益平衡，也关系到法律制度的惩戒预防功能和社会的安稳。有关工伤保险与侵权赔偿的关系，有以下 4 种观点：

1. 取代模式：以工伤保险赔偿取代传统的侵权损害赔偿。

2. 选择模式：赋予劳动者在发生工伤事故时以选择权，可以选择其中一种来主张权利，不可同时主张。劳动者有充分证据证明企业对工伤事故发生存在过错，即可以侵权损害主张赔偿；如没有充分证据企业过错，则可选择工伤保险。

3. 补偿模式：采纳民法中的"填平原则"，建立在抵消和求偿两项原则之上。当劳动者遭受工伤时，可同时主张工伤保险补偿和侵权赔偿，但所获的赔偿额不得超过工伤所遭受的实际损失。

4. 兼得模式：允许劳动者得到工伤保险赔偿、侵权损害赔偿的双重赔偿额。兼得模式将劳动法对劳动者的"倾斜保护"体现得十分彻底。在此模式下，企业并不能工伤保险的赔付而免除自身侵权责任。另外，在用人单位以外的第三人侵权的情况下，兼得模式将更加优越。

目前学者们大体承认兼得模式。我国部分省高级人民法院相继对该条作出适用规定，均明确了适用兼得模式。

——芮立新. 论工伤保险与侵权赔偿的关系[D]. 北京：对外经济贸易大学，2003.

9.3　我国重要法律法规

为了保障生产经营单位的生产安全，防止和减少生产安全事故，保障人民群众的生命和财产安全，保护劳动者的合法权益，我国制定了一系列与健康和安全相关的法律和法规。

我国关于健康和安全相关的法律包括了《劳动法》《煤炭法》《工会法》《职业病防治法》《安全生产法》《行政许可法》《突发事件应对法》《消防法》《社会保险法》《道路交通安全法》《防震减灾法》《防洪法》《行政处罚法》《矿山安全法》《矿产资源法》，以及最高人民法院、最高人民检察院《关于办理危害生产安全刑事案件适用法律若干问题的解释》等。

关于健康和安全相关的法规包括了《生产安全事故应急条例》《安全生产许可证条例》《生产安全事故报告和调查处理条例》《特种设备安全监察条例》《放射性物品运输安全管理条例》《放射性废物安全管理条例》《电力安全事故应急处置和调查处理条例》《建设工程安全生产管理条例》《国内水路运输管理条例》《公路安全保护条例》《危险化学品安全管理条例》《国家赔偿费用管理条例》《森林防火条例》等。

9.3.1　九部重要的法律

表 9-1 对九部重要的和安全与健康相关的法律做了简单的介绍。

表 9-1　九部法律

法　　律	内　　容
《刑法》 （2015.11.4）	1. 违反交通运输管理法规，因而发生重大事故，致人重伤、死亡或者使公私财产遭受重大损失的，处三年以下有期徒刑或者拘役；交通运输肇事后逃逸或者有其他特别恶劣情节的，处三年以上七年以下有期徒刑；因逃逸致人死亡的，处七年以上有期徒刑； 2. 在生产、作业中违反有关安全管理的规定，因而发生重大伤亡事故或者造成其他严重后果的，处三年以下有期徒刑或者拘役；情节特别恶劣的，处三年以上七年以下有期徒刑。强令他人违章冒险作业，因而发生重大伤亡事故或者造成其他严重后果的，处五年以下有期徒刑或者拘役；情节特别恶劣的，处五年以上有期徒刑； 3. 安全生产设施或者安全生产条件不符合国家规定，因而发生重大伤亡事故或者造成其他严重后果的，对直接负责的主管人员和其他直接责任人员，处三年以下有期徒刑或者拘役；情节特别恶劣的，处三年以上七年以下有期徒刑；

法　律	内　容
《刑法》 （2015.11.4）	4. 违反爆炸性、易燃性、放射性、毒害性、腐蚀性物品的管理规定，在生产、储存、运输、使用中发生重大事故，造成严重后果的，处三年以下有期徒刑或者拘役；后果特别严重的，处三年以上七年以下有期徒刑。
《安全生产法》 （2014.12.1）	1. 强调企业是安全生产主体，企业法定代表人是安全生产第一责任者； 2. 企业要建立各项安全保障制度； 3. 从业人员享有安全生产的权利，还有应尽的义务； 4. 安全生产要靠社会监督； 5. 提供"安全中介机构"的服务； 6. 对生产事故的应急救援和调查处理做了规定。
《突发事件应对法》 （2007.11.1）	1. 确立了突发事件应对工作的主要流程，建立了针对不同性质和不同程序的突发事件的应急工作体系； 2. 规定了政府在突发事件处理过程中的管理权力，强调突发事件应对工作必须严格遵循法律所规定的程序，将政府行为有效控制在法律法规所规定的权限范围内，防止政府部门滥用职权或者额超越职权从而危害公民的合法权益； 3. 强调将保障公民的各项权利、维护公民的合法权益作为突发事件应对工作的中心任务，如政府采取应急措施也要尽量避免损害公民的合法权益，政府采取表措施给公民的合法权益造成损害的，受损害的公民有依法获得补偿的权利； 4. 确立了政府、社会组织和公民个人在突发事件应对中的法律义务； 5. 规定了所有单位应当建立健全安全管理制度，定期检查本单位各项安全规范措施的落实情况，及时消除事故隐患； 6. 矿山、建筑施工单位和易燃易爆物品、危险化学品、放射性物品等危险物品等生产、经营、储运、使用单位，应当制定具体应急预案，并对生产经营所、有危险物品的建筑物、构筑物及周边环境开展隐患排查，及时采取措施消除隐患，防止发生突发事件； 7. 公共交通工具、公共场所和其他人员密集场所的经营单位或者管理单位应当制定具体应急预案，为交通工具和有关场所配备报警装置和必要的应急救援设备、设施，注明其使用方法，并显著标明安全撤离的通道、路线，保证安全通道、出口的畅通。
《劳动合同法》 （2012.12.28）	1. 劳动合同双方当事人的权利和义务，保护劳动者的合法权益； 2. 用人单位建立和完善劳动规章制度时需经工会和职工的同意； 3. 关于劳动合同关系的建立与书面劳动合同的订立； 4. 用人单位与劳动者协商一致，可以订立无固定期限劳动合同； 5. 关于试用期的规定；

108

法　　律	内　　容
《劳动合同法》 （2012.12.28）	6. 劳动者对危害生命安全和身体健康的劳动条件，有权对用人单位提出批评、检举和控告； 7. 关于劳动者可以解除劳动合同情形； 8. 关于经济性裁员的规定； 9. 劳动者合法权益受到侵害的，有权要求有关部门依法处理，或者依法申请仲裁、提起诉讼。
《工会法》 （2009.8.27）	1. 关于企业克扣职工工资所采取的措施； 2. 关于企业不提供劳动安全卫生的处理措施； 3. 关于随意延长劳动时间的处理办法； 4. 关于侵犯女职工和未成年工特殊权益的规定； 5. 其他严重侵犯职工劳动权益的规定。
《职业病防治法》 （2018.12.29）	1. 劳动者依法享有职业卫生保护的权利； 2. 获得职业卫生教育、培训的权利； 3. 获得职业健康检查、职业病诊疗、康复等职业病防治服务的权利； 4. 了解作业场所产生或者可能产生的职业病危害因素、危害后果和应当采取的职业病防护措施的权利； 5. 要求用人单位提供符合防治职业病要求的职业病防治设施和个人使用的职业病防护用品，改善工作条件的权利； 6. 对违反职业病防治法律、法规以及危及生命健康行为提出批评、检举和控告的权利； 7. 拒绝完成违章指挥和强令没有职业病防护措施的作业的权利； 8. 参与用人单位职业卫生工作的民主管理，对职业病防治工作提出意见和建议的权利。
《消防法》 （2019.4.23）	1. 落实消防安全责任制，制定本单位的消防安全制度、消防安全操作规程，制定灭火和应急疏散预案； 2. 按照国家标准、行业标准配置消防设施、器材，设置消防安全标志，并定期组织检验、维修，确保完好有效； 3. 对建筑消防设施每年至少进行一次全面检测，确保完好有效，检测记录应当完整准确，存档备查； 4. 保障疏散通道、安全出口、消防车通道畅通，保证防火防烟分区、防火间距符合消防技术标准； 5. 组织防火检查，及时消除火灾隐患； 6. 组织进行有针对性的消防演练；

法　　律	内　　容
《消防法》 （2019.4.23）	7. 法律、法规规定的其他消防安全职责。
《建筑法》 （2019.4.23）	1. 建筑施工企业应当在施工现场采取维护安全、防范危险、预防火灾等措施；有条件的，应当对施工现场实行封闭管理； 2. 建筑施工企业必须依法加强对建筑安全生产的管理，执行安全生产责任制度，采取有效措施，防止伤亡和其他安全生产事故的发生； 3. 建筑施工企业应当建立健全劳动安全生产教育培训制度，加强对职工安全生产的教育培训；未经安全生产教育培训的人员，不得上岗作业； 4. 建筑施工企业和作业人员在施工过程中，应当遵守有关安全生产的法律、法规和建筑行业安全规章、规程，不得违章指挥或者违章作业；作业人员有权对影响人身健康的作业程序和作业条件提出改进意见，有权获得安全生产所需的防护用品。作业人员对危及生命安全和人身健康的行为有权提出批评、检举和控告； 5. 对建筑安全事故隐患不采取措施予以消除的，责令改正，可以处以罚款；情节严重的，责令停业整顿，降低资质等级或者吊销资质证书；构成犯罪的，依法追究刑事责任；建筑施工企业的管理人员违章指挥、强令职工冒险作业，因而发生重大伤亡事故或者造成其他严重后果的，依法追究刑事责任； 6. 建筑设计单位不按照建筑工程质量、安全标准进行设计的，责令改正，处以罚款；造成工程质量事故的，责令停业整顿，降低资质等级或者吊销资质证书，没收违法所得，并处罚款；造成损失的，承担赔偿责任；构成犯罪的，依法追究刑事责任。
《矿山安全法》 （2009.8.27）	1. 规定了矿山企业必须具有保障安全生产的设施，建立、健全安全管理制度，采取有效措施改善职工劳动条件，加强矿山管理工作，保证安全生产； 2. 规定了矿山建设、开采的安全保障措施； 3. 规定了矿山企业安全管理内容，矿山企业必须建立、健全安全生产责任制； 4. 规定了矿山企业在矿山事故处理中的安全责任与义务。

训练与练习　掌握相关法律法规

问题：
○ 你知道这些法律并了解和你的工作相关的条款吗？
○ 安全与健康相关的法律法规对职工的影响有哪些？

总结：

每一个职工必须做到"懂法""守法"。一方面要积极学习国家有关安全生产的法律、法规、条例；在享受国家赋予自身权利的同时，积极履行安全生产方面的义务；另一方面要将法律知识落实到企业安全管理全过程、落实到日常的一言一行当中，以消除不安全行为为目标，避免和减少事故发生。

案例与讨论　弹性工作制员工上班途中发生交通事故

小松与某加气站签订了劳务合作协议，约定的工作方式为弹性工作制，即如果需要加气一般都是加气站提前一天通知小松卸气。某天小松到其朋友经营的饭店拿东西，接到加气站领导通知到其负责管理的加气站去卸气的电话后，即驱车前往加气站。途中与一辆小型轿车相撞，小松受伤，且小松无过错、无责任。

——摘自工伤赔偿法律网

问题：

小松从朋友饭店前往加气站，是否属于《工伤保险条例》中的"上下班途中"？

总结：

《最高人民法院关于审理工伤保险行政案件若干问题的规定》第六条第（三）项规定，对社会保险行政部门认定"从事属于日常工作生活所需要的活动，且在合理时间和合理路线的上下班途中"，为"上下班途中"的，人民法院应予支持。小松受单位领导安排前往加气站卸气，在合理路线途中发生事故，符合上述规定的"上下班途中"的情形，应认定为上班途中。

9.3.2　八大法规

表 9-2　八大法规及具体内容

法　规	内　容
《烟花爆竹安全管理条例》（2016.2.6）	1. 生产烟花爆竹的企业，应当对生产作业人员进行安全生产知识教育，对从事药物混合、造粒、筛选、装药、筑药、压药、切引、搬运等危险工序的作业人员进行专业技术培训。从事危险工序的作业人员经设区的市人民政府安全生产监督管理部门考核合格，方可上岗作业。 2. 焰火晚会以及其他大型焰火燃放活动燃放作业单位和作业人员，应当按照焰火燃放安全规程和经许可的燃放作业方案进行燃放作业。

法　规	内　容
《职业健康检查管理办法》（2015.5.1）	1. 按照劳动者接触的职业病危害因素，职业健康检查分为以下六类：（一）接触粉尘类；（二）接触化学因素类；（三）接触物理因素类；（四）接触生物因素类；（五）接触放射因素类；（六）其他类（特殊作业等）。以上每类中包含不同检查项目。职业健康检查机构应当根据批准的检查类别和项目，开展相应的职业健康检查。 2. 在职业健康检查中，用人单位应当如实提供以下职业健康检查所需的相关资料，并承担检查费用：（一）用人单位的基本情况；（二）工作场所职业病危害因素种类及其接触人员名册、岗位（或工种）、接触时间；（三）工作场所职业病危害因素定期检测等相关资料。 3. 职业健康检查的项目、周期按照《职业健康监护技术规范》（GBZ188）执行，放射工作人员职业健康检查按照《放射工作人员职业健康监护技术规范》（GBZ235）等规定执行。 4. 职业健康检查机构应当在职业健康检查结束之日起 30 个工作日内将职业健康检查结果，包括劳动者个人职业健康检查报告和用人单位职业健康检查总结报告，书面告知用人单位，用人单位应当将劳动者个人职业健康检查结果及职业健康检查机构的建议等情况书面告知劳动者。
《工伤保险条例》（2011.1.1）	A. 工伤保险待遇 1. 职工因工作遭受事故伤害或患职业病进行治疗，享受工伤医疗待遇。 2. 工伤职工因日常生活或就业需要，经劳动能力鉴定委员会确认，可以安装或配置必要的辅助器具，所需费用按照国家规定的标准从工伤保险基金支付。 3. 职工因工作遭受事故伤害或者患职业病需要暂停工作接受工伤医疗的，在停工留薪期内，原工资福利待遇不变，由所在单位按月支付；生活不能自理的工伤职工在停工留薪期需要护理的，由所在单位负责。 4. 工伤职工已经评定伤残等级并经劳动能力鉴定委员会确认需要生活护理的，从工伤保险基金按月支付生活护理费。 5. 职工因工致残被鉴定为一级至六级伤残的，由工伤保险基金按伤残等级支付一次性伤残补助金、由工伤保险基金或由用人单位按月支付伤残津贴。 6. 职工因工致残被鉴定为七级至十级伤残的，从工伤保险基金按伤残等级支付一次性伤残补助金；劳动、聘用合同期满终止，或者职工本人提出解除劳动、聘用合同的，由工伤保险基金支付一次性工伤医疗补助金，用人单位支付一次性伤残就业补助金。 7. 工伤职工旧伤复发确认需要治疗的，享受工伤医疗待遇。 8. 职工因工死亡的，其近亲属按规定从工伤保险基金领取丧葬补助金，供养亲属抚恤金和一次性工亡补助金。

法　规	内　容
《工伤保险条例》 （2011.1.1）	B. 工伤保险索赔程序 1. 自事故伤害发生之日或者被诊断、鉴定为职业病之日起，用人单位在 30 日内向统筹地区社会保险行政部门提出工伤认定申请；若单位未提出，工伤职工或其亲属在 1 年内向统筹地区社会保险行政部门申请工伤认定。 2. 申请工伤认定材料：工伤认定申请表；与用人单位存在劳动关系（包括事实劳动关系）的证明材料；医疗诊断证明或者职业病诊断证明书（或者职业病诊断鉴定书）。工伤认定申请表应当包括事故发生的时间、地点、原因以及职工伤害程度等基本情况。 3. 社会保险行政部门自受理工伤认定申请之日起 60 日内作出工伤认定的决定，并书面通知申请工伤认定的职工或者其近亲属和该职工所在单位。 4. 伤者去有资质的医院做伤残鉴定。 5. 将医院的伤残鉴定交给劳动局和用人单位，劳动局会发"工伤认定通知书"给用人单位。 6. 单位开始赔偿，主要包括伤残补助金、医疗费。
《特种设备安全监察条例》 （2009.1.24）	1. 特种设备是指涉及生命安全、危险性较大的锅炉、压力容器（含气瓶，下同）、压力管道、电梯、起重机械、客运索道、大型游乐设施和场（厂）内专用机动车辆。 2. 锅炉、压力容器中的气瓶（以下简称气瓶）、氧舱和客运索道、大型游乐设施以及高耗能特种设备的设计文件，应当经国务院特种设备安全监督管理部门核准的检验检测机构鉴定，方可用于制造。 3. 压力容器的设计单位应当经国务院特种设备安全监督管理部门许可，方可从事压力容器的设计活动。 4. 锅炉、压力容器、电梯、起重机械、客运索道、大型游乐设施及其安全附件、安全保护装置的制造、安装、改造单位，以及压力管道用管子、管件、阀门、法兰、补偿器、安全保护装置等（以下简称压力管道元件）的制造单位和场（厂）内专用机动车辆的制造、改造单位，应当经国务院特种设备安全监督管理部门许可，方可从事相应的活动。 5. 特种设备在投入使用前或者投入使用后 30 日内，特种设备使用单位应当向直辖市或者设区的市的特种设备安全监督管理部门登记。 6. 特种设备使用单位应当建立特种设备安全技术档案；对在用特种设备进行经常性日常维护保养，并定期自行检查；应当按照安全技术规范的定期检验要求，在安全检验合格有效期届满前 1 个月向特种设备检验检测机构提出定期检验要求。 7. 特种设备出现故障或者发生异常情况，使用单位应当对其进行全面检查，消除事故隐患后，方可重新投入使用。

法　　规	内　　容
《特种设备安全监察条例》（2009.1.24）	8. 特种设备存在严重事故隐患，无改造、维修价值，或者超过安全技术规范规定使用年限，特种设备使用单位应当及时予以报废，并应当向原登记的特种设备安全监督管理部门办理注销。 9. 特种设备使用单位应当制定特种设备的事故应急措施和救援预案。 10. 特种设备使用单位应当对特种设备作业人员进行特种设备安全教育和培训，保证特种设备作业人员具备必要的特种设备安全作业知识。特种设备作业人员在作业中应当严格执行特种设备的操作规程和有关的安全规章制度。 11. 特种设备作业人员在作业过程中发现事故隐患或者其他不安全因素，应当立即向现场安全管理人员和单位有关负责人报告。
《放射工作人员职业健康管理办法》（2007.11.1）	1. 放射工作人员上岗前应当接受放射防护和有关法律知识培训，考核合格方可参加相应的工作。培训时间不少于 4 天。 2. 放射工作单位应当定期组织本单位的放射工作人员接受放射防护和有关法律知识培训。放射工作人员两次培训的时间间隔不超过 2 年，每次培训时间不少于 2 天。 3. 放射工作人员应当进行上岗前的职业健康检查；上岗后应当定期进行职业健康检查，两次检查的时间间隔不应超过 2 年，必要时可增加临时性检查；脱离放射工作岗位时，应当进行离岗前的职业健康检查。 4. 对参加应急处理或者受到事故照射的放射工作人员，放射工作单位应当及时组织健康检查或者医疗救治，按照国家有关标准进行医学随访观察。 5. 职业健康检查机构发现有可能因放射性因素导致健康损害的，应当通知放射工作单位，并及时告知放射工作人员本人。 6. 放射工作单位应当在收到职业健康检查报告的 7 日内，如实告知放射工作人员，并将检查结论记录在《放射工作人员证》中。放射工作单位对职业健康检查中发现不宜继续从事放射工作的人员，应当及时调离放射工作岗位，并妥善安置；对需要复查和医学随访观察的放射工作人员，应当及时予以安排。 7. 放射工作单位不得安排怀孕的妇女参与应急处理和有可能造成职业性内照射的工作。哺乳期妇女在其哺乳期间应避免接受职业性内照射。 8. 放射工作人员职业健康检查、职业性放射性疾病的诊断、鉴定、医疗救治和医学随访观察的费用，由其所在单位承担。 9. 放射工作人员可按国家规定享受保健津贴。放射工作人员每年可以享受保健休假 2～4 周。享受寒、暑假的放射工作人员不再享受保健休假。从事放射工作满 20 年的在岗放射工作人员，可以由所在单位利用休假时间安排健康疗养。

114

法　规	内　　容
《生产安全事故报告和调查处理条例》（2007.6.1）	1. 根据生产安全事故（以下简称事故）造成的人员伤亡或者直接经济损失，事故一般分为以下等级：（一）特别重大事故，是指造成 30 人以上死亡，或者 100 人以上重伤（包括急性工业中毒，下同），或者 1 亿元以上直接经济损失的事故；（二）重大事故，是指造成 10 人以上 30 人以下死亡，或者 50 人以上 100 人以下重伤，或者 5000 万元以上 1 亿元以下直接经济损失的事故；（三）较大事故，是指造成 3 人以上 10 人以下死亡，或者 10 人以上 50 人以下重伤，或者 1000 万元以上 5000 万元以下直接经济损失的事故；（四）一般事故，是指造成 3 人以下死亡，或者 10 人以下重伤，或者 1000 万元以下直接经济损失的事故。 2. 事故发生后，事故现场有关人员应当立即向本单位负责人报告；单位负责人接到报告后，应当于 1 小时内向事故发生地县级以上人民政府安全生产监督管理部门和负有安全生产监督管理职责的有关部门报告。安全生产监督管理部门和负有安全生产监督管理职责的有关部门接到事故报告后，应当依照规定上报事故情况，并通知公安机关、劳动保障行政部门、工会和人民检察院。 3. 安全生产监督管理部门和负有安全生产监督管理职责的有关部门逐级上报事故情况，每级上报的时间不得超过 2 小时。 4. 报告事故应当包括下列内容：（一）事故发生单位概况；（二）事故发生的时间、地点以及事故现场情况；（三）事故的简要经过；（四）事故已经造成或者可能造成的伤亡人数（包括下落不明的人数）和初步估计的直接经济损失；（五）已经采取的措施；（六）其他应当报告的情况。事故报告后出现新情况的，应当及时补报。 5. 事故发生单位负责人接到事故报告后，应立即启动事故相应应急预案，或者采取有效措施，组织抢救，防止事故扩大，减少人员伤亡和财产损失。 6. 建立值班制度。
《建设工程安全生产管理条例》（2004.2.1）	1. 垂直运输机械作业人员、安装拆卸工、爆破作业人员、起重信号工、登高架设作业人员等特种作业人员，必须按照国家有关规定经过专门的安全作业培训，并取得特种作业操作资格证书后，方可上岗作业。 2. 施工单位应当在施工现场入口处、施工起重机械、临时用电设施、脚手架、出入通道口、楼梯口、电梯井口、孔洞口、桥梁口、隧道口、基坑边沿、爆破物及有害危险气体和液体存放处等危险部位，设置明显的安全警示标志。 3. 施工单位应当将施工现场的办公、生活区与作业区分开设置，并保持安全距离；办公、生活区的选址应当符合安全性要求。职工的膳食、饮水、休息场所等应当符合卫生标准。施工单位不得在尚未竣工的建筑物内设置员工集体宿舍。施工现场临时搭建的建筑物应当符合安全使用要求。施工现场使用的装配式活动房屋应当具有产品合格证。

115

法　规	内　容
《建设工程安全生产管理条例》（2004.2.1）	4. 施工单位应当向作业人员提供安全防护用具和安全防护服装，并书面告知危险岗位的操作规程和违章操作的危害。作业人员有权对施工现场的作业条件、作业程序和作业方式中存在的安全问题提出批评、检举和控告，有权拒绝违章指挥和强令冒险作业。在施工中发生危及人身安全的紧急情况时，作业人员有权立即停止作业或者在采取必要的应急措施后撤离危险区域。 5. 作业人员应当遵守安全施工的强制性标准、规章制度和操作规程，正确使用安全防护用具、机械设备等。 6. 施工单位采购、租赁的安全防护用具、机械设备、施工机具及配件，应当具有生产（制造）许可证、产品合格证，并在进入施工现场前进行查验。施工现场的安全防护用具、机械设备、施工机具及配件必须由专人管理，定期进行检查、维修和保养，建立相应的资料档案，并按照国家有关规定及时报废。 7. 施工单位在使用施工起重机械和整体提升脚手架、模板等自升式架设设施前，应当组织有关单位进行验收，也可以委托具有相应资质的检验检测机构进行验收；使用承租的机械设备和施工机具及配件的，由施工总承包单位、分包单位、出租单位和安装单位共同进行验收。验收合格的方可使用。 8. 施工单位的主要负责人、项目负责人、专职安全生产管理人员应当经建设行政主管部门或者其他有关部门考核合格后方可任职。施工单位应当对管理人员和作业人员每年至少进行一次安全生产教育培训，其教育培训情况记入个人工作档案。安全生产教育培训考核不合格的人员，不得上岗。 9. 作业人员进入新的岗位或者新的施工现场前，应当接受安全生产教育培训。未经教育培训或者教育培训考核不合格的人员，不得上岗作业。施工单位在采用新技术、新工艺、新设备、新材料时，应当对作业人员进行相应的安全生产教育培训。 10. 施工单位应当为施工现场从事危险作业的人员办理意外伤害保险。意外伤害保险费由施工单位支付。实行施工总承包的，由总承包单位支付意外伤害保险费。意外伤害保险期限自建设工程开工之日起至竣工验收合格止。
《使用有毒物品作业场所劳动保护条例》（2002.5.12）	1. 职工对职业中毒危害有知情权：用人单位应当与劳动者订立劳动合同，将工作过程中可能产生的职业中毒危害及其后果、职业中毒危害防护措施和待遇等如实告知劳动者，并在劳动合同中写明，不得隐瞒或者欺骗。 2. 用人单位有关管理人员应当熟悉有关职业病防治的法律、法规以及确保劳动者安全使用有毒物品作业的知识。用人单位应当对劳动者进行上岗前的职业卫生培训和在岗期间的定期职业卫生培训，普及有关职业卫生知识，督促劳动者遵守有关法律、法规和操作规程，指导劳动者正确使用职业中毒危害防护设备和个人使用的职业中毒危害防护品。劳动者经培训考核合格，方可上岗作业。

续表

法　规	内　容
《使用有毒物品作业场所劳动保护条例》（2002.5.12）	3. 用人单位应当确保职业中毒危害防护设备、应急救援设施、通信报警装置处于正常适用状态，不得擅自拆除或者停止运行。用人单位应当对前款所列设施进行经常性的维护、检修，定期检测其性能和效果，确保其处于良好运行状态。职业中毒危害防护设备、应急救援设施和通信报警装置处于不正常状态时，用人单位应当立即停止使用有毒物品作业；恢复正常状态后，方可重新作业。 4. 用人单位应当为从事使用有毒物品作业的劳动者提供符合国家职业卫生标准的防护用品，并确保劳动者正确使用。 5. 用人单位应当按照规定对从事使用高毒物品作业的劳动者进行岗位轮换。用人单位应当为从事使用高毒物品作业的劳动者提供岗位津贴。 6. 用人单位应当对从事使用有毒物品作业的劳动者进行定期职业健康检查。用人单位发现有职业禁忌或者有与所从事职业相关的健康损害的劳动者，应当将其及时调离原工作岗位，并妥善安置。 7. 从事使用有毒物品作业的劳动者在存在威胁生命安全或者身体健康危险的情况下，有权通知用人单位并从使用有毒物品造成的危险现场撤离。用人单位不得因劳动者依据前款规定行使权利，而取消或者减少劳动者在正常工作时享有的工资、福利待遇。 8. 劳动者享有下列职业卫生保护权利：（一）获得职业卫生教育、培训；（二）获得职业健康检查、职业病诊疗、康复等职业病防治服务；（三）了解工作场所产生或者可能产生的职业中毒危害因素、危害后果和应当采取的职业中毒危害防护措施；（四）要求用人单位提供符合防治职业病要求的职业中毒危害防护设施和个人使用的职业中毒危害防护用品，改善工作条件；（五）对违反职业病防治法律、法规，危及生命、健康的行为提出批评、检举和控告；（六）拒绝违章指挥和强令进行没有职业中毒危害防护措施的作业；（七）参与用人单位职业卫生工作的民主管理，对职业病防治工作提出意见和建议。用人单位应当保障劳动者行使前款所列权利。禁止因劳动者依法行使正当权利而降低其工资、福利等待遇或者解除、终止与其订立的劳动合同。 9. 用人单位未参加工伤保险的，其劳动者从事有毒物品作业患职业病的，用人单位应当按照国家有关工伤保险规定的项目和标准，保证劳动者享受工伤待遇。

9.4　国外相关法律法规简介

9.4.1　职业卫生法规的分类

19 世纪以来，西欧一些国家开始制定《工厂法》，进入 20 世纪，职业卫生立法有了较大发展，一方面，在立法内容上逐步提高卫生标准，改善作业条件；另一方面，也从《工厂法》和《劳动法》过渡到专门的《职业卫生法》。工业比较发达的国家，从《劳动法》到《职业病防治法》等都建立了一套比较完整的职业卫生法规，如苏联及一些欧洲国家和国际组织等，现在全世界约有 70 多个国家和地区制定了有关职业卫生的法规，如表 9-3 所示。

表 9-3　职业卫生法规分类

法律名称	国家或地区	特　点
《劳动法》	英国、德国、法国、芬兰、日本等	原则性较强，缺少详细条款。
《卫生法》	阿尔及利亚、朝鲜、罗马尼亚等	职业卫生内容较全面，比《劳动法》有更强的可操作性。
《职业安全卫生法》	芬兰、美国、英国、加拿大、南非、瑞典、古巴、澳大利亚、阿尔及利亚、希腊、日本等	目的明确，条款清晰，劳资各方的义务、权利、政府职能、职业卫生服务内容、预防性卫生监督等规定都比较详细。而且多数有实施细则，可操作性较强。
《职业病法》《尘肺病法》	日本、智利、德国、芬兰等	主要调整因某种职业而患职业病以后的健康监护（治疗、康复等）、医疗费用、赔偿等涉及劳资各方的关系。政府等有关部门的监管职责比较清楚。没有从源头杜绝职业危害的法律规定。
《矿山与采石场安全卫生法》《煤矿安全卫生法》	英国、美国、印度、南非等	涉及在特定行业或工种中的职业卫生问题，不适用于其他行或工种。
国际公约或建议书	ILO（国际劳工组织）、欧洲共同体	这是一种建议性的规定，对各成员国政府或团体没有强制性要求，提出的标准，各成员国可以执行，也可参考执行。欧洲有些国家如果没有制定相关法规，一般就以此为标准。

9.4.2　职业卫生法规的主要内容

由于各国的法规涵盖的范围不同，内容差异也就较大，简要介绍如下：

1. 劳动者的权利与义务

国外相关法律法规对劳动者的权利与义务所做的有关规定，如表9-4所示。

表9-4 劳动者的权利与义务

权 利	义 务
1. 作业场所有获得保护身体不受危害的权利； 2. 在具有危害因素的工作场所，劳动者又没有能力解决时有权拒绝工作； 3. 工作中出现危及生命安全卫生时，因停止作业而不需承担任何责任（包括经济、设备损坏）； 4. 有获得工作场所有害因素信息的权利； 5. 有获得健康监护，不需付医学检查费用的权利； 6. 有获得职业卫生培训，不需付培训费的权利； 7. 劳动者对自身的职业危害有申诉保险赔偿权利； 8. 对患有职业病的病人或受到职业危害而未得职业病的劳动者有索赔或追溯索赔的权利； 9. 因职业卫生防护得不到保障，劳动者具有举报权； 10. 有知晓雇主对职业危害因素采取防护措施的权利。	1. 必须遵守企业的各项规章、制度、国家的有关法规、标准等； 2. 必须按照雇主的要求做好自身的职业卫生防护； 3. 配戴因特殊需要而提供的个人防护用品； 4. 发现不利于职业卫生的生产和保护系统及时向职业卫生专业人员、企业医生汇报； 5. 参与改善工作环境和健康促进的活动； 6. 参加职业卫生服务中规定的健康检查； 7. 患职业禁忌证时，不能从事相应的职业； 8. 保护工作场所涉及其他人的职业卫生行为。

2. 用人单位的权利与义务

国外相关法律法规对用人单位的权利与义务所做的有关规定，如表9-5所示。

表9-5 用人单位的权利与义务

权 利	义 务
1. 有权要求劳动者遵守国家有关法律、法规、标准及其企业的各项规章制度； 2. 有权对有关标准申请暂缓执行或对其不合理性进行申诉； 3. 对劳动者不按要求或违章操作而造成的损失有拒绝赔偿的权利； 4. 有要求提供职业卫生服务的权利。	1. 遵守国家有关法律、法规及卫生标准； 2. 为劳动者提供符合职业卫生标准要求的工作环境和场所，以及适应生理和精神需求的装置和设施； 3. 为劳动者提供必要的职业卫生培训； 4. 为劳动者提供有效的个体防护用品； 5. 为劳动者提供职业卫生服务，包括工作中可能对劳动者产生职业危害的信息，健康监护和因工伤、职业病而致残的健康管理、康复等； 6. 提供有效的应急救援措施； 7. 公布作业场所职业危害的信息，并提出预防的措施和治理的计划； 8. 依法承担因职业危害而对劳动者身体健康造成危害的赔偿责任；

权　　利	义　　务
	9. 对特殊人群（女工、童工）要提供特殊的措施；
	10. 听取劳动者对作业场所职业卫生的意见、建议及改进措施；
	11. 不许泄露劳动者的健康资料；
	12. 不许对向有关组织或单位反映职业卫生问题的劳动者打击报复或克扣工资；
	13. 100 人以上的企业要设健康委员会，不足 100 人的企业要设职业卫生管理人员。

3. 其他权利

（1）受聘的职业卫生专业人员有进行职业卫生监督的义务，包括有害因素的监测、健康评价、防护措施的评价、作业环境的评价、提出整改意见以及对整改效果的评价和建立档案等；

（2）职业卫生服务的组织和提供职业卫生信息的机构受国家或各州卫生委员会的监督；

（3）国家或国家授权的权力机关任命职业卫生监察员，监察员有权进入工作场所进行取样、起诉和发布改进或禁止的通知。

120

训练与练习　法律规定与工作

问题：

思考前面所论述的健康与安全的法律规定。想一想你在工作中必须遵守哪些，哪些与你的工作关系不大，并思考你可以通过哪些行动在工作中注重健康与安全问题？如：向管理者咨询、寻求更多信息等，填写表 9-6。

表 9-6　工作中健康与安全问题的思考

健康与安全法规	不需要考虑的要求	可以采取的行动

总结：

你的答案将有助于你完成单元后的实践与实训。从这个练习中你也可以总结出来自己在健康和安全管理方面存在的问题和不足，并能够思考怎样才可以做得更好。

本章小结

通过本章学习，了解了我国健康与安全的法律法规体系，明确了职工享有的权利和应尽的义务，掌握了通过法律手段保证自己和职工健康与安全的多种方法，并对英国、美国、加拿大、日本等发达国家的健康与安全的法律法规的主要内容有了基本的认识。

思考与练习

1. 职工在工作时间、工作区域工作造成工伤，而本人有一定责任，能否算作工伤？预防职业病的主要措施有哪些？

2. 法律中规定的从业人员享有的权利有哪些？

3. 法律中规定的从业人员承担的义务有哪些？

第 10 章　健康与安全的实现

学习目标

　　1. 了解健康与安全管理的重要性；

　　2. 了解绩效管理和健康与安全的关系；

　　3. 掌握企业中不同员工对健康与安全所负的责任；

　　4. 重点掌握实现健康与安全的方法和措施。

学习指南

　　本章我们将对健康与安全管理的重要性以及企业中绩效管理和健康与安全的关系作一个初步的了解，掌握企业在安全生产和经营中，在健康和安全方面所承担的责任，以及有哪些具体的方法和措施实现健康和安全。

关键术语

　　现代安全管理　安全培训教育　三级安全教育　安全文化　绩效管理和健康与安全　健康与安全的责任

10.1　健康与安全管理的重要性

　　健康与安全管理是管理活动的一个组成部分，也是管理活动中比较重要的部分。因为它与人身安全和财产的维护息息相关，它所关心的问题是减少事故，防止人身伤害、提高生产效率、不发生有损组织声誉的事件，所以健康和安全管理显得非常重要。

　　过去，大多数人一直对健康和安全持一种漠视的态度。现在看来，企业和管理者都认为健康与安全已经成为企业文化的一部分。一般而言，对健康与安全持正确态度并采取合理的健康与安全保护措施，就是对工作及其员工负责。

训练与练习　健康与安全的意义

　　问题：

　　重新阅读下面所列举的重视健康和安全能够为组织带来的好处，思考你对各观点的赞同程度。在你赞同的观点前面画"√"。

○　健康的劳动力是愉快而又多产的劳动力；

○　对所有人而言，不发生事故的工作场所意味着较好的工作环境；

○　削减事故耗费并减少因健康不佳而缺席的人数，提升劳动生产率；

○　具有健康与安全意识的文化相信以合理的价格生产优质的产品，提供优质的服务；

○　具有健康与安全意识的文化以人为本，以客户/股东为中心；

○　重视健康与安全的组织，可以增强对外交流与合作；

○　良好的健康与安全记录有助于树立组织的对外形象。

总结：

有一点非常值得强调——你的组织是否以肯定的态度看待安全工作？

案例与讨论　大型塔吊踏步板断裂倒塌

6 月 15 日晚上某建筑公司的施工工地上，塔吊安装单位作业人员进行 QTZ63-Ⅱ型塔机顶升作业，在进行第二节标准节的第一步顶升时，当液压系统顶升油缸将塔机外套架及上部顶起高度 1m 左右，标准节的踏步板突然撕裂，塔机外套及上部结构下坠，在巨大冲击力作用下，平衡臂失稳折弯砸向塔身，砸中作业人员，造成一人当场死亡。

问题：

这类事故发生会给公司带来哪些负面影响？

总结：

1. 打击其他员工工作的积极性，缺乏安全感，造成工作效率降低；
2. 事故导致工程进度滞后，造成经济损失；
3. 人员的伤亡和设备的损失造成严重的经济损失；
4. 造成严重的社会负面影响，打击潜在客户。

10.2　方法与措施

10.2.1　安全管理

安全管理，就是用经济、行政和法律手段，采取切实可行的技术和组织措施，让安全工作寓于工作的各个环节之中，确保参与生产活动的人、设备和环境处于安全状态。

安全生产管理的原则，即"管生产必须管安全"；"谁主管，谁负责"。在安全生产管理过程中，企业要做到针对人们生产过程中的安全问题，运用有效的资源，发挥人们的潜力，进行有关决策，保证生产过程中人与机器设备、物料、环境的和谐，达到安全生产的目标。因此，安全生产管理的基本对象是企业员工，涉及企业中所有人员、设备设施、物料、环境、财产。企业进行安全生产管理的目标，是为了减少和控制危害、减少和控制事故，尽量避免生产过程中由于事故所造成的人身伤害、财产损失和环境污染。

现代安全管理，就是把现代管理的方法，运用于安全管理之中。具体说，就是应用系统工程理论，定量地分析系统的安全状态，经过比较与评价，提出目标与对策，将系统的危险控制在最低限度。

现代安全管理的范围包括了安全行政管理、安全监督检查、安全设备设施管理、工艺技术管理、劳动环境及卫生条件管理、事故管理等。各个企业应该设立适合自己的安全管理模式，不同行业安全生产原则不同，注意事项不同，安全检查也不同；根据实际情况制定适合本企业的安全管理规章制度。

延伸与拓展　安全管理理论

安全管理方法与对策进步，需要安全理论作为基础。实现这一目标的出路，就是研究和认识安全的科学理论，揭示安全科学的规律，搞清安全管理的科学原理。在现代企业制度下，随着安全管理科学的发展，以及职业安全管理体系标准的推行，新世纪人们将不断探求先进、适用、有效的安全科学原理。

有学者在分析了75 000起工业事故数据后指出，只有2%的事故是不可避免的，10%的事故是由物的不安全状态引起的，而88%的事故是由于人的不安全行为造成的。人们注意到，必须从职工的行为安全入手才能解决伤亡事故问题。为了深入研究分析事故起因，国内外通过对已发生的大量事故进行调研，深入研究分析事故起因，逐渐形成了若干事故致因理论。

○　**因果连锁理论**

因果连锁理论认为引起事故发生的因素有五个阶段：人的素质、人的缺点、人的危险行为和物的危险状态、发生事故、造成伤害。这五个阶段就像多米诺骨牌一样，只要一块被触动，后面的就会接连倒下，最终导致事故发生并造成伤害。针对这个结构，如果企业能够把人的危险行为和物的危险状态控制住，就能有效防止事故发生，而人的行为和物的危险状态是可以通过严格的管理手段来制止的。

○　**人因素理论**

人因素理论认为个人的安全教育和安全引导比强迫个人遵守规程更有效，特别是流动性很强的建筑类企业，工人是自身安全的首要保护者。

○　**轨迹交叉论**

轨迹交叉理论认为伤害事故是许多相互联系的事件顺序发展的结果。当人的不安全行为和物的不安全状态在各自发展过程中（轨迹），在一定时间、空间上发生了接触（交叉），能量转移于人体时，伤害事故就会发生；或能量转移于物体时，物品产生损坏。而人的不安全行为和物的不安全状态之所以产生和发展，又是受多种因素作用的结果。

○　**能量意外释放理论**

能量意外释放理论认为如果意外释放的能量转移到人体，并且其能量超过了人体的承受能力，则人体将受到伤害。第一类伤害是由于转移到人体的能量超过了局部或全身性损伤阈值而产生的。第二类伤害则是由于影响局部或全身性能量交换引起的。

今天的现代管理方法会成为将来传统的方法，一门科学只有不断地创新和发展，才会有生命力。因此，现代是相对的，科学是永恒的，安全管理原理是现代企业安全科学管理的基础、战略和纲领。只有不断创新和进步，现代安全管理才能满足现代企业安全生产现代管理的需要，才能为降低人类利用技术的生命、健康、经济、环境的风险代价作出应有的贡献。

——职业健康与安全[M]. 北京：中央广播电视大学出版社，2015.

案例与讨论　安全管理模式

案例 1：枣矿集团的"333"安全管理模式。枣矿"333"管理文化品牌不仅给枣矿的经济发展创造了稳固的基础，而且为建设富美和谐矿区提供了措施和保障，不仅提升了枣矿知名度，更引发全国煤矿乃至企业界的广泛关注，全国政协、国务院国资委等有关领导多次前来考察。"333"管理，即"三基"建设、"三化"管理、"三个亮点"。其中，"三基"建设是基层安全管理体系建设、基层组织管理体系建设、基本技术管理体系建设；"三化"管理，指的是准军事化管理、市场化管理以及精细化考核；"三个亮点"，是指质量标准化、企业文化建设和环境面貌综合治理。

——摘自《中国矿业》

案例 2：晋能集团 2019 年取得了安全生产的好成绩，其安全生产创历史最好水平，在省国资委企业经营业绩考核中被评为 A 级，煤炭产量突破 9 000 万吨，百万吨死亡率为零。这个成绩得益于"136"安全管理模式的创新与应用。"136"安全管理模式与已有的安全理论不同，是安全管理的一种方法，系统思想是其灵魂，基础、能力、体系、文化是其肢体。其中，"1"是安全文化，是安全大厦之魂；"3"是基层建设、基础管理、基本素质"三基建设"，是安全大厦之基；"6"是组织、责任、制度、技术、管理、监督"六大体系"，是安全大厦之柱。"灵魂、基础、支柱"共同构成了"生命至上，安全为天"的安全大厦。

——摘自《企业家日报》

问题：
通过对上面两个案例的研究，你对安全管理有了哪些新的认识？
总结：
1. 安全管理模式是为实现"安全第一、预防为主、综合治理"这一方针而建立的安全管理组织形式和安全生产的行为方式。对人、机、环境各方面的管理，核心是对人的管理。枣矿集团和晋能集团都强调基层安全生产管理体系和企业安全文化。基层是安全生产的前沿阵地，要让安全生产的方针、政策、法规、措施落实到生产班组上。基层安全生产管理体系的建设，应以人为本，将良好的安全文化理念贯彻到底，把员工看作生产安全的主体，不断加深他们的风险防范意识，帮助他们形成系统的安全理念。如此，员工们才能在工作中及时发现安全隐患并采取防护措施。
2. 企业的安全生产管理模式需强调责任落实。通过精细化的管理模式，可将单位职责明确化、具体化以及规范化，从而将管理的责任具体落实到每个人。这样能够更好地对事情负责，也能够在发生事故的时候及时地找到负责人对事故进行处理，从而更有利于保护人员的安全和财产的安全。

10.2.2　培训与教育

1. 安全技术知识的教育

不同行业的安全技术内容都不同，因此，企业要针对自身的特点进行安全技术知识的教育。

2. 安全规程的教育

安全规程是安全生产的经验总结，是员工的生命和鲜血换来的，是保证企业安全生产的法宝。很多事故的发生都是因为没有按安全生产规程的要求进行生产造成的。因此，进行安全规程的教育，是安全教育中很关键的一环。

3. 劳动防护方针、政策的教育

主要是通过所制定的路线、方针、政策实现的。通过法律的形式将生产劳动过程必须遵循的客观规律和技术方法肯定下来，强制人们遵守执行，以防止伤亡事故的发生。因此，对员工进行劳动防护方针、政策的教育是很必要的。

4. 经验和事故教训的教育

经验是员工在长期的实践中总结出来的，它具有普遍性，可以指导安全生产。因此，进行经验的教育，可以提高员工的安全生产能力和安全管理水平。事故是血写的教训，进行事故教育，能使员工警醒，印象深刻，牢记不忘，从而自觉地遵照安全生产规程工作。

5. 安全意识教育

企业中发生的很多事故，都是因为员工的安全意识薄弱、工作责任感不强、纪律松散而造成的。要杜绝人为事故的发生，就必须搞好员工安全，特别是员工的安全意识教育。

案例与讨论　熟练工需要安全培训吗？

李某是一家消防设备公司的员工，上岗后被公司指派从事某购物中心楼层防火门安装加固工作，工作内容为用专业钢钉加固楼层门框架。某天下午，李某在一层作业，当李某用铁锤敲打钢钉时，钢钉忽然崩断反弹进他的右眼，李某被送往医院救治。经诊断，李某右眼损伤严重，必须摘除眼球。经查，当地安监部门认为，事故发生原因系李某违反安全操作程序，且公司未对员工进行岗前安全操作培训，安监部门据此对公司进行行政处罚。公司辩称，李某在其他单位从事过相关工作，属于熟练工，不需要培训，李某不属于工伤。后诉至劳动争议部门。

——企业生产安全综合管理的法律风险[J]. 光彩，2019.

问题：

企业可以不对熟练工进行安全培训与教育吗？

总结：

不可以。根据法律的规定，企业必须向劳动者如实告知作业场所和工作岗位存在的危险因素、防范措施以及事故应急措施。企业必须对劳动者进行在本企业工作场所和工作岗位相关安全生产教育和培训，不能因其经验丰富而不履行自身对劳动者进行安全卫生教育的义务。安全教育工作开展是否充分到位，直接影响企业能否最大限度减少伤亡事故的发生。因此，职业安全卫生教育是企业和职工的法定义务，企业应当讲求实效、保证培训效果，提高职工的操作水平和安全意识。

10.2.3 三级安全教育

在进行教育前，首先要明确教育的对象。不同的对象安全教育的目的也不同，比如对新员工要做好三级教育。即企业级教育、部门或车间级教育和班组级教育。新上岗的员工（包括合同工、员工、实习人员等）必须进行不少于 3 天的三级安全教育，经考试合格后方可分配工作。

步骤与方法　三级安全教育

1. 企业级安全教育
○　讲解党和国家有关安全生产的方针、政策、法规、法规，讲解劳动防护的意义、任务、内容及基本要求；
○　介绍本企业的安全生产情况；
○　介绍企业安全生产的经验和教训，结合企业和同行业常见事故案例进行剖析讲解，阐明伤亡事故的原因及事故处理程序等；
○　提出希望和要求。

2. 部门或车间级安全教育
○　介绍本部门或车间生产特点、性质；
○　根据部门或车间的特点介绍安全技术基础知识；
○　介绍消防安全知识；
○　介绍部门或车间安全生产和文明生产制度。

3. 班组级安全教育
○　介绍本班组生产概况、特点、范围、工作环境、设备状况，消防设施等。重点介绍可能发生伤害事故的各种危险因素和危险部位，可用一些典型事故实例去剖析讲解；
○　讲解本岗位使用的机械设备、工器具的性能，防护装置的作用和使用方法；
○　讲解本工种安全操作规程和岗位责任及有关安全注意事项；
○　讲解正确使用劳动防护用品及其保管方法和文明生产的要求；
○　实际安全操作示范，重点讲解安全操作要领，边示范，边讲解，说明注意事项，并讲述哪些操作是危险的、是违反操作规程的，使员工了解违章将会造成的严重后果。

新上岗员工只有经过三级安全教育并经逐级考核全部合格后，方可上岗。三级安全教育成绩应填入员工安全教育卡，存档备查。

训练与练习　定期的安全教育

问题：

你所在的企业对员工进行定期的安全教育吗？

总结：

为保证安全生产顺利进行，避免发生事故，避免因人操作失误带来的损失，不管是新员工还是老员工，或是特种设备的操作人员，都要接受定期的安全教育。

10.2.4　安全文化

安全文化是组织或企业的安全意识、安全目标、安全责任、安全素养、安全习惯、安全价值观念、安全科技、安全监察和各种安全法律法规以及规章制度的总和。安全文化的核心是以人为本，这需要将安全责任落实到企业全员的具体工作中。安全文化的作用是通过对人的观念、道德、伦理、品行、态度等深层次的人文因素的强化，利用教育、宣传、奖惩等手段，不断提高人的安全素质，改进安全意识和行为，从而使人们从被动服从安全管理制度，转变为主动按安全要求采取行动。

提高每个员工的安全素质是保障安全生产、管理、技术的根本因素。员工的素质提高了，很多不安全的操作行为自然会消失。比如说一个企业经营者安全素质提高了，安全意识能跟上现代社会发展的步伐，他自然会认为应该投入资金改进安全设施，所以不仅要通过改进管理、进行安全培训等手段来改善安全状况，还要通过建设安全文化，来提高企业员工的安全素质。

在企业，要形成"安全第一"的良好氛围，做到处处可见醒目的安全标志牌和安全标语警句，安全通道清洁畅通，设备见本色，无环境污染，生产作业规范标准，现场光线明亮，对错误行为能批评指正，人人感到违章违纪是可耻的。这种浓厚的安全生产气氛能够起到动员人们注意安全的作用，对一切与安全环境要求相悖的行为还能起到扼制作用，通过宣传教育培训等手段传播安全文化，使广大员工把安全工作提高到安全文化的高度来认识，从而建立正确的安全观、安全行为规范和道德标准。

10.3　健康与安全的责任

10.3.1　企业的责任

企业是生产经营活动的主体，在生产经营活动中处于核心地位，保障安全生产，企业是关键。企业承担起安全主体的责任，必须做到以下规定：

- ○ 安全文化建设；
- ○ 安全生产责任体系建设；
- ○ 科学、规范的制度建设；
- ○ 安全教育培训建设；
- ○ 安全投入保障；
- ○ 安全标准化建设；
- ○ 重大危险源监控；
- ○ 隐患排查治理；
- ○ 应援救援体系建设；
- ○ 事故调查处理。

10.3.2 团队领导的责任

团队领导在健康与安全管理中责任重大，必须做到以下十项规定：

- ○ 维护建筑、机器和设备的安全；
- ○ 作出适当的规定确保工作环境安全，免除健康风险；
- ○ 确保有害物质得到适当的处理并安全贮藏；
- ○ 对工作场所的重大危险进行风险评估，实施有效的管理措施；
- ○ 报告并调查事故；
- ○ 提供需要的信息、培训和监督，确保员工的健康与安全；
- ○ 与工作场所的每个人合作，确保健康与安全；
- ○ 与相关小组进行交流，以促进并建立能确保员工健康与安全的措施；
- ○ 计划、实施、监控并检查健康与安全管理措施并对健康与安全的行为进行归纳整理；
- ○ 使用"专门人员"协助处理健康与安全事务。

下面的训练与练习，将帮助你了解团队领导要认真履行职业责任，做好本职工作。

训练与练习 认真履行职业责任，做好本职工作

问题：

作为一个团队领导你的行为是否符合上面所列举的团队领导的责任？

总结：

领导对健康与安全负有不可推卸的责任，做到这些是对领导必须的要求。因此，团

130

队领导需认真履行职业责任，做好本职工作。

10.3.3　员工的责任

○　关心自己在工作中的健康与安全，并关心他人的健康与安全；

○　努力合作，履行法律义务；

○　遵循安全规则、系统和程序；

○　正确使用工作设备；

○　及时汇报工作场所的健康与安全隐患。

下面的训练与练习，将帮助你了解员工的职业道德与责任意识的重要性。

训练与练习　员工的职业道德与责任意识

问题：

○　想一想你的员工是否意识到他们具有这些义务？

○　为确保他们意识到自己的义务，需要做哪些工作向他们传达什么信息？

总结：

也许他们没有意识到这些要求，因此，应该考虑如何把这些信息传达给他们。从健康与安全的角度出发，如果能够让员工将主动汇报健康与安全隐患作为职业道德要求的一部分，培养他们的责任意识，那么，无论企业还是员工都将受益匪浅。

他人包括合同工、生产商、供应商、设计人员等工作人员，包括其他人员在内的所有工作人员，都对涉及工作中的健康与安全事项负有责任。

10.3.4　专门人员与免责人员

"专门人员"（急救人员、健康与安全管理人员、消防管理员等）对健康与安全具有特殊责任。他们能够帮助缓解一些健康与安全管理的压力。你可以把你的某些任务委托给某个有能力的人（如健康与安全管理人员），但你不能委托你的责任或义务。

"专门人员"（如急救人员或职业卫生护士）在某些情况下可能需要特殊资格。然而，"有能力"并不一定完全等同于"有资格"。如果有员工了解健康与安全的法规并愿意学习更多的知识，则他也可以成为"专门人员"。

并非人人对健康与安全具有相同的适应能力，残疾人、孕妇、新手并不像"正常的"员工一样具有健康与安全经验。例如，新手因缺乏经验而不理解危险；再如，孕妇可能不能舒适地坐着或不会平衡地走动，而这恰好会造成特别危险；又如，残疾人也许不能完成某些任务；再如，行动不便的人可能在紧急状态时不能轻易地离开厂房。

对承担责任能力低者，需要给予特殊的关注和提供额外的帮助（诸如特殊培训、重新安排工作任务或使用机械协助）。

下面的训练与练习，旨在帮助你了解对特殊的人群，需要有特殊的处理办法。

训练与练习　特殊要求

问题：

想一想：在你的工作场所是否有需要额外帮助的人？你怎样帮助他（她）？

总结：

对于行动不便的人，可以安排一个"辅助者"，以防紧急情况；对于缺乏工作经验的人而言，确保他们了解健康与安全的重要性之后才让他们执行特定的工作任务；对于孕妇，考虑到她们需要舒适和平衡，可以为她们更换工作位置。总而言之，在某些情况下，可以适当调整员工的工作任务或日程安排。

10.4　绩效管理和健康与安全

132

管理健康与安全需要和绩效管理结合在一起。也就是说：

○　在工作说明中包括健康与安全；

○　建立绩效性目标；

○　对人们的健康与安全成效进行评估；

○　把不能达到标准或目标的行为与惩戒性程序相结合。

绩效性目标可以是通过培训、减少事故或去除健康不佳、减少程序违背行为（如在没有准许的地方吸烟或承包商不配合已有程序）达到满意的目标。

通过下面的训练与练习，帮助你掌握使用绩效手段，提高健康与安全工作的水平。

训练与练习　检查你的绩效

问题：

仔细检查关于你的健康与安全责任的一览表（如表10-1所示），并对你的绩效从1～5进行打分，1分最低。

表 10-1　健康与安全责任表

健康安全责任	分　数				
维护建筑、机器和设备的安全	□1 分	□2 分	□3 分	□4 分	□5 分
保证工作环境安全而没有工作风险，并对员工的福利情况进行了规定	□1 分	□2 分	□3 分	□4 分	□5 分
保证有害物质得到适当处理并安全储存	□1 分	□2 分	□3 分	□4 分	□5 分
对工作场所的重大隐患进行风险评估，并实施适当的控制措施	□1 分	□2 分	□3 分	□4 分	□5 分
报告事故并对事故进行调查	□1 分	□2 分	□3 分	□4 分	□5 分
提供的需要的信息、指导、培训和控制，确保员工的健康与安全	□1 分	□2 分	□3 分	□4 分	□5 分
为了健康与安全，与工作场所中的每个人团结合作	□1 分	□2 分	□3 分	□4 分	□5 分
与相关小组进行交流，以促进和发展确保员工健康与安全的措施	□1 分	□2 分	□3 分	□4 分	□5 分
计划、实施、监控并检查健康与安全控制活动，并对健康与安全绩效进行记录	□1 分	□2 分	□3 分	□4 分	□5 分
使用专门人员协助处理健康与安全问题	□1 分	□2 分	□3 分	□4 分	□5 分

总结：

你必须确保能够做好所有方面，安全问题来不得丝毫含糊。低于 5 分的事项说明还有改进的余地。

延伸与拓展　安全管理的绩效评估

绩效评估就是运用科学的定性和定量方法，对从业人员行为的效果、贡献及价值作出评价。安全管理的绩效评估，首先应该围绕各安全指标进行评估，这些是硬性指标，一般用量化指标进行衡量，如：

○　违法安全操作规程的次数；
○　设备及消防设施的完好率；
○　发生事故的级别及次数等。

如果单用硬性指标衡量还不够全面，则还需纳入一些软性指标，软性指标包括：

○　工作主动性；
○　面料突发事故时的处理能力；
○　设备及消防设施的日常保养方法；
○　安全工作中团队精神的体现等。

对从业人员的工作绩效作出评价后，就要把评估结果充分利用起来，可以通过惩罚、培训、人事调整、晋级降级等手段得以充分体现。

——邵真珍. 企业职业健康安全管理体系绩效评估方法研究[D]. 重庆大学，2014.

本章小结

通过本章学习，我们了解了健康与安全的重要性，了解了绩效管理和健康与安全的关系；掌握了在企业中的员工，领导以及其他相关人员在实现安全与健康方面所负有的责任；重点掌握了如何实现工作环境中的健康和安全。实现工作环境中的健康和安全具体可以采取哪些方法和措施，以及安全教育如何落实到基层。

思考与练习

1. 安全培训与教育应该包含哪些内容？
2. 企业员工在健康与安全方面负有什么责任？
3. 请简要叙述绩效管理和健康与安全的关系。
4. 请谈谈你对企业安全文化的认识。
5. 安全教育分成几级？分别是哪些？

第 11 章 事 故 预 防

学习目标

1. 了解安全评价方法；
2. 了解危险等级划分标准；
3. 掌握事故的分类和预防事故的原则；
4. 重点掌握安全检查表的类型。

学习指南

本章主要介绍与事故相关的基本概念和安全评价方法，在了解了这些后，学习事故是如何分类，如何预防事故，在预防事故的过程中应该遵从哪些原则，以及安全检查表的相关内容。

关键术语

事故 安全评价方法 安全检查表 预防事故 文明安全生产

11.1 事故的分类

生产安全事故是指生产经营单位在生产经营活动（包括与生产经营有关的活动）中突然发生的，伤害人身安全和健康，或者损坏设备设施，或者造成经济损失的，导致原生产经营活动（包括与生产经营活动有关的活动）暂时中止或永远终止的意外事件。

根据《生产安全事故统计表制度》规定，按事故类别可分为：物体打击、车辆伤害、机械伤害、起重伤害、触电、淹溺、灼烫、火灾、高处坠落、坍塌、冒顶片帮、透水、爆破、火药爆炸、瓦斯爆炸、锅炉爆炸、容器爆炸、其他爆炸、中毒和窒息、其他伤害。

《生产安全事故报告和调查处理条例》所调整的事故范围，是指生产经营活动中发生的造成人身伤亡或者直接经济损失的事故。此类事故的报告、调查和处理，都需参见《生产安全事故报告和调查处理条例》。但是环境污染事故、核设施事故、国防科研生产事故三类事故并不使用该条例。

根据《生产安全事故报告和调查处理条例》，生产安全事故（以下简称事故）按造成的人员伤亡或者直接经济损失，一般分为以下等级，见表 11-1。

表 11-1　生产安全事故按人员伤亡或者直接经济损失分类

特别重大事故	30 人以上死亡，或者 100 人以上重伤（包括急性工业中毒，下同），或者 1 亿元以上直接经济损失的事故
重大事故	10 人以上 30 人以下死亡，或者 50 人以上 100 人以下重伤，或者 5 000 万元以上 1 亿元以下直接经济损失的事故
较大事故	3 人以上 10 人以下死亡，或者 10 人以上 50 人以下重伤，或者 1 000 万元以上 5 000 万元以下直接经济损失的事故
一般事故	3 人以下死亡，或者 10 人以下重伤，或者 1 000 万元以下直接经济损失的事故

11.2　安全评价方法

11.2.1　危险性预先分析

在一项工程活动（如设计、施工、生产）之前，首先对系统存在的危险做宏观概略的分析，或做预评价，就叫作危险性预先分析（Prelininary Hazard Analysis，PHA），又称初步危险分析，或预备事故分析。这种方法是对可能出现的危险类别、危险出现的条件及其可能造成的后果做大概的分析，其目的是判别系统的潜在危险，确定其危险等级，防止采用不安全的技术路线、使用危险性物质、工艺和设备等。如果必须使用时，也可以从设计和工艺上考虑采取安全措施，使这些危险性不至于发展成为事故。它的特点是把分析工作做在形成系统之前，可避免由于考虑不周而造成的损失。

<u>步骤与方法</u>　**危险性预先分析步骤**

（1）通过经验判断、技术诊断或其他方法调查确定危险源（即危险因素存在于哪个子系统中），对所需分析系统的生产目的、物料、装置及设备、工艺过程、操作条件以及周围环境等，进行充分详细的了解。

（2）根据过去的经验教训及同类行业生产中发生的事故（或灾害）情况，对系统的影响、损坏程度，类比判断所要分析的系统中可能出现的情况，查找能够造成系统故障、物质损失和人员伤害的危险性，分析事故（或灾害）的可能类型。

（3）对确定的危险源分类，制成预先危险性分析表。

（4）转化条件，即研究危险因素转变为危险状态的触发条件和危险状态转变为事故

（或灾害）的必要条件，并进一步寻求对策措施，检验对策措施的有效性。

（5）进行危险性分级，排列出重点和轻、重、缓、急次序，以便处理。

为了评判危险、有害因素的危害等级以及它们对系统破坏性的影响大小，预先危险性分析法给出了各类危险性的划分标准。该法将危险性划分 4 个等级，如表 11-2 所示。

表 11-2　危险性等级划分表

级别	危险程度	可能的事故后果
I	安全的	不会造成人员伤亡及系统损坏
II	临界的	处于事故的边缘状态，暂时还不至于造成人员伤亡、系统损坏或降低系统性能，但应予以排除或采取控制措施
III	危险的	会造成人员伤亡和系统损坏，要立即采取防范措施
IV	灾难性的	造成人员重大伤亡及系统严重破坏的灾难性事故，必须予以果断排除并进行重点防范

（6）制定事故（或灾害）的预防性对策和措施。

训练与练习　施工现场危险性预先分析

工程建设属于劳动密集型的生产活动，在施工过程中，其人员众多，且场地狭小，多工种交叉并行，环境复杂，极易发生伤亡等意外情况。

问题：

1. 根据以往经验，导致工地事故发生的原因有哪些？

2. 施工工地中导致事故发生的潜在不安全因素有哪些？

3. 为了防止在工地上发生安全事故，可采取什么预防措施？

总结：

1. 工地上经常发生事故的原因可以大致归纳为以下四个：（1）人的行为。施工现场从事一线作业的大多为农民工，其中多数人未接受过专业系统的教育，甚至未接受"三级"安全教育培训就上岗操作，缺乏必要的安全知识和纪律观念，违章作业现象较多，更缺少自我保护意识，一旦引发事故，就成为直接的伤亡群体。（2）机械设施。施工机械大多体积大、功率高，一旦未按规程操作，或机械年久失修出现故障，就可能引发机械伤害事故。其中，塔吊、升降机、吊篮等作业活动本身潜藏高空作业的风险，防护装置或防护用品存在缺陷都会导致安全事故的发生。（3）施工方法。施工过程必须遵循一定的工艺流程，出现违章指挥、违章操作不但影响工程质量，更会酿成安全事故。（4）作业环境。施工现场多为露天作业，劳动者直接暴露在高温、严寒的工作环境中，工作时间长、强度大，经常存在疲劳作业。尤其从事高空作业、光线较差的地下或夜班作业等，对身体和心理都形成巨大考验，稍有松懈就可能造成安全隐患。

2. 工地上的危险源主要有：可能导致坍塌事故的深基坑工程；可能导致触电事故的临时用电；可能引发坍塌、物体打击、高处坠落事故的脚手架工程和模板工程；可能引发整体倾覆、高处坠落、物体打击事故的大型器械；可能导致机械伤害事故的施工机具等。

3. 针对不安全因素的分析，制定相应的预防措施：（1）建立工地危险源公示和跟踪整改制度；（2）对人的不安全行为，要严禁违章指挥、违章作业、违反劳动纪律，加强教育，搞好"传、帮、带"，加强现场巡视，严格检查处罚，使之慢慢"懂安全"和"会安全"了。（3）淘汰落后的技术、工艺，适度提高工程施工安全设防标准，从而提升施工安全技术与管理水平，降低施工安全风险。如过街人行通道、大型地下管沟可采用顶管技术等。（4）制定和实行施工现场大型施工机械安装、运行、拆卸和外架工程安装的检验检测、维护保养、验收制度。（5）对不良自然环境条件中的危险源要制定有针对性的应急预案，并选定适当时机进行演练，做到人人心中有数，遇到情况不慌不乱，从容应对。（6）制定和实施项目施工安全承诺和现场安全管理绩效考评制度，确保安全投入，形成施工安全长效机制。

11.2.2　安全检查表

安全检查表是分析和辨识系统危险性的基本方法，也是进行系统安全性评价的重要技术手段。

根据用途和安全检查表的内容，安全检查表可分为以下几种类型：

（1）审查设计的安全检查表。新建、改建和扩建的厂矿企业，革新、挖潜的工程项目，都必须与相应的安全卫生设施同时设计、同时施工和同时投产，即利用"三同时"原则全面、系统地审查工程的设计、施工和投产等各项的安全状况。

（2）厂级的安全检查表。主要用于全厂性安全检查，也可用于安全技术、防火等部门进行日常检查。

（3）车间的安全检查表。用于车间进行定期检查和预防性检查的检查表，重点放在人身、设备、运输、加工等不安全行为和不安全状态方面。

（4）工段及岗位的安全检查表。用于工段和岗位进行自检、互检和安全教育的检查表，重点放在因违规操作而引起的多发性事故上。

（5）专业性安全检查表。此类表格是由专业机构或职能部门所编制和使用的，主要用来进行定期的或季节性的安全检查，如对电气设备、起重设备、压力容器、特殊装置与设施等的专业性检查。

步骤与方法 安全检查表的编制

- ○ 安全检查表应由专业人员、有关部门领导、工程技术人员和员工共同编写，并通过实践检验不断修改，使之逐步完善。
- ○ 安全检查表可以按生产系统、车间、工段和岗位编写，也可以按专题编写，如对重要设备和容易出现事故的工艺流程，就应该编制该项工艺的专门的安全检查表。
- ○ 安全检查表的编制过程，也是对系统进行安全分析的过程。
- ○ 通过对系统的全面分析，结合有关资料，找出系统中存在的隐患、事故发生的可能途径和影响后果等。
- ○ 然后根据有关法规、规章制度、标准和安全技术要求，完成检查表的制定工作。

11.2.3 故障树分析法

故障树分析法是一种通过对造成产品故障的硬件、软件、环境、人为等各方面因素进行分析，并画出故障树图，从而确定产品故障原因的各种组合方式以及其发生的概率。故障树是一种特殊的倒立树状逻辑因果关系图。主要通过事件符号、逻辑门符号以及转移符号，来表示事故或者故障事件发生的原因及其逻辑关系的逻辑树图。故障树分析的特点：

（1）通过故障树图，可以对导致事故的各种原因和逻辑关系作出全面、形象地描述，从而使有关人员了解和掌握安全控制的要点和措施。

（2）可以根据各基本事件发生故障的频率数据，确定各基本事件对导致事故发生的影响程度。

（3）故障树分析，既可以进行定性分析，又可以进行定量分析和系统评价。

（4）对系统进行定量分析时，必须事先确定所有各基本事件发生的概率，否则无法进行定量分析。

（5）故障树分析是针对某一特定事故进行分析，而不是针对一个过程或设备系统进行分析，因此具有一定的局限性。

（6）对于复杂的系统时，由于编制故障树的步骤较多，编制的故障树较大，计算也会随之比较复杂，所以会给进行定性、定量分析带来困难。

除上述介绍的三种安全风险评价方法，还有一些其他的常用的安全评价方法。

延伸与拓展　其他安全评价方法

1. 危险指数方法

危险指数方法以作业现场危险度、事故概率和事故严重度为基础，通过评价人员对不同作业现场的危险性进行鉴别和计算，确定作业危险特性重要性大小及是否需要进一步研究的安全评价方法。

危险指数评价可以运用在工程项目的各个阶段（可行性研究、设计、运行等），可以在详细的设计方案完成之前运用，也可以在现有装置危险分析计划制定之前运用。当然它也可用于在役装置，作为确定工艺操作危险性的依据。

2. 危险和可操作性研究

危险和可操作性研究是一种定性的安全评价方法。它的基本过程是以关键词为引导，找出过程中工艺状态的变化（即偏差），然后分析找出偏差的原因、后果及可采取的对策。其侧重点是工艺部分或操作步骤各种具体值。

危险和可操作性研究方法所基于的原理是，背景各异的专家们若在一起工作，就能够在创造性、系统性和风格上互相影响和启发，能够发现和鉴别更多的问题，这样做要比他们独立工作并分别提供结果更为有效。

危险和可操作性研究方法可按分析的准备、完成分析和编制分析结果报告 3 个步骤来完成。其本质就是通过系列会议对工艺流程图和操作规程进行分析，由各种专业人员按照规定的方法对偏离设计的工艺条件进行过程危险和可操作性研究。鉴于此，虽然某一个人也可能单独使用危险与可操作性研究方法，但这绝不能称为危险和可操作性研究。所以，危险和可操作性研究方法与其他安全评价方法的明显不同之处是，其他方法可由某人单独使用，而危险和可操作性分析则必须由一个多方面的、专业的、熟练的人员组成的小组来完成。

3. 故障类型和影响分析（FMEA）

故障类型和影响分析是系统安全工程的一种方法，根据系统可以划分为子系统、设备和元件的特点，按实际需要将系统进行分割，然后分析各自可能发生的故障类型及其产生的影响，以便采取相应的对策，提高系统的安全可靠性。

故障类型和影响分析的目的是辨识单一设备和系统的故障模式及每种故障模式对系统或装置的影响。故障类型和影响分析的步骤为：明确系统本身的情况，确定分析程度和水平，绘制系统图和可靠性框图，列出所有的故障类型并选出对系统有影响的故障类型，梳理出造成故障的原因。在故障类型和影响分析中不直接确定人的影响因素，但像人失误、误操作等影响，通常以设备故障模式表现出来。

FMEA 的分析步骤如下：

（1）确定分析对象系统。根据分析详细程度的需要，查明组成系统的元素（子系统或单元）及其功能。

（2）分析元素故障类型和产生原因。由熟悉情况、有丰富经验的人员依据经验和有关的故障资料分析、讨论可能产生的故障类型和原因。

（3）研究故障类型的影响。研究、分析元素故障对相邻元素、邻近系统和整个系统的影响。

（4）填写故障类型和影响分析表格。将分析的结果填入预先准备好的表格，可以简洁明了地显示全部分析内容。

——安全系统工程[M]. 北京：中国劳动社会保障出版社，2007.

11.3 预防事故的原则

为了防止安全和健康事故，相关健康和安全规章制度给出了可供依循的指导，如下所述：

○ 如果可能，避免事故发生。最好的方法不是当事故发生时的补救措施，而是在事故发生前就避免发生。例如，使用无害物质代替有害物质，使用机械起重设备代替人工处理，使用不易燃烧的物质。

○ 在不能避免风险的地方，进行风险评估。

○ 解决风险的起源——例如，如果地板潮湿，把其擦干而不是使用"地板潮湿"的标语。如果机器损坏，务必替换机器而不是冒险使用。

○ 个性化评估——为工作场所存在风险的每个人，独立设计保护他们的个性化措施。设计过程需要和每个人协商，他们更了解危险，因为他们一直与危险打交道。例如：针对计算机工作站的设计时，可以调查从事计算机工作的人，他们更了解自己的坐姿、移动胳膊的方式、凝视屏幕的方式、仰背的方式、需要休息的频率等。

○ 利用技术（机械操作比人工处理好），使用安全材料和物质替代危险材料和物质，设计并使用具有更多安全特征的机器。

- ○ 执行防患措施与健康和安全法则息息相关。
- ○ 把劳动保护的措施放在优先的位置——例如，火灾的范围很大，所以把消防措施摆在第一位。
- ○ 提供指导和信息，确保每个员工知道和理解他们的工作任务。
- ○ 按照健康与安全文化四要素积极发展。

11.4 降低风险的原则

促进健康与安全工作，使健康与安全成为管理工作（会议、讨论、培训、评估、资源配置、成效、合同关系等）的一个有机组成部分。健康与安全工作离不开工作环境的发展，这是连续性活动，而不是一次性活动。利用各种积极的手段促进发展，必然可以降低事故的风险。下面先了解一下促进健康与安全的行动。

步骤与方法 促进健康与安全的行动

- ○ 奖励员工为改进健康与安全而设计新方案
- ○ 组织竞争
- ○ 组织学习与培训
- ○ 设立监督管理制度
- ○ 请健康与安全专家进行示范工作，如：消防员或警察示范个人安全防护问题，救护人员或职业卫生人员谈论健康问题
- ○ 学习识别危险的方法
- ○ 设计海报/传单或 T 恤衫
- ○ 在工作场所中不安全的东西上，放置能够发声的提醒器
- ○ 组织问卷或调查
- ○ 组织"健康与安全知识"测验
- ○ 组织"健康饮食"活动
- ○ 组织"关爱健康"活动
- ○ 组织"防治脊椎问题"活动
- ○ 练习人工操作技术
- ○ 组织观看与安全有关的电影或电视或短视频活动
- ○ 发起调查活动，查明你的竞争对手对健康与安全采取什么措施

142

在日常生活中经常采取上述这些行动，可以使你建立起注重健康与安全的企业文化。

本章小结

通过本章学习，我们了解事故的基本概念、分类方法以及安全评价方法，掌握了预防事故和降低风险的原则和方法。

思考与练习

1. 事故按人员伤亡和直接经济损失可以分为哪几类，分类标准是什么？
2. 什么是危险性预先分析，危险性预先分析的步骤是什么？
3. 预防事故应该遵从哪些原则？
4. 安全检查表有哪些类型？

实践与实训

指导:

本练习包括以下两个部分:

第一部分,对你负责的工作范围进行一次彻底的健康与安全调查。

第二部分,完成下列改善工作场所的健康与安全的行动计划表。

第一部分: 工作范围内的健康与安全调查

使用下表对你负责的工作范围进行一次彻底的健康与安全调查。

○　第一列,确认主要问题在哪里:员工、程序、厂房、设备、材料和物质以及计划。

○　第二列,解释这些问题如不能良好协作、对健康与安全问题的轻视、设备维护不当等。

○　第三列,说明已经完成的工作,特别是你的角色所能够做的工作。

健康与安全调查表

工作范围内的健康与安全问题	这些问题是什么	应该对这个些问题做些什么工作

第二部分: 健康与安全行动计划表

○　完成下列改善工作场所的健康与安全的行动计划表,包括你能够完成的工作,你与他人的谈话内容,以便实施行动计划。

○　向你组织中相关的人员(包括生产线管理人员)说明你的调查结果和行动计划,征求意见,并在得到赞成后实施你的行动计划。

○　调整你的行动计划,让事态按计划发展。

健康与安全行动计划表

应该完成的工作	需要的资源	向我提供帮助的人以及帮助方法	开始时间

总结：

通过练习来识别工作中的健康与安全隐患，并形成一系列行动计划。贯彻与实施这个行动计划，你可以进一步保证工作中的健康与安全。

单 元 测 试

一、单选题

1. 小吴是某生产车间组长，他发现新招的几个操作工人对一些安全操作规程不以为然，认为不可能发生事故，为了让员工警醒，印象深刻，牢记不忘，小吴可以对他们进行（　　）的培训和教育。

   A. 安全技术知识
   B. 安全规程
   C. 经验和事故教训
   D. 劳动防护方针、政策

2. 根据《生产安全事故报告和调查处理条例》，关于生产安全事故的分类，说法不正确的是（　　）。

   A. 直接经济损失为 1 亿元以上的事故为特别重大事故

   B. 生产安全事故可分为 250 个等级

   C. 造成 10 人以上 30 人以下死亡的为重大事故

   D. 直接经济损失为 1 000 万元以下的事故是一般事故

3. 公司面临一个造成人员重大伤亡和系统严重破坏的危险，这危险属于（　　）等级。

   A. 安全的
   B. 灾难性的
   C. 轻微的
   D. 临界的

4. （　　）是分析和辨识系统危险性的基本方法，也是进行系统安全性评价的重要技术手段。

   A. 风险检查表
   B. 个人预测
   C. 甘特图
   D. 安全检查表

5. "运用安全系统工程原理和方法对系统中存在的风险因素进行辨识和分析，判断系统发生事故和职业危险的可能性及其严重程度，为制定防范措施提供科学依据"，体现了预防事故的（　　）原则。

   A. 进行风险评估
   B. 个性化评估
   C. 解决风险的起源
   D. 提供指导和信息

二、案例分析

> 某镇煤矿发生瓦斯爆炸事故，死亡 29 人。该煤矿上一年产量 3 万吨，税利 60 万元，企业上一年平均职工人数是 105 人，工作日数是 300 天。这次事故因人身伤亡所

支出的费用是 640 万元，善后处理费用是 130 万元，财产损失价值达 280 万元，停产、减产损失价值 20 万元，资源损失价值 30 万元。并经过有关部门调查，该起事故是由于矿工长期的安全意识薄弱、纪律松散造成的。

1. 该起事故是由于矿工长期的安全意识薄弱、纪律松散造成的，企业应该对员工进行三级安全教育，关于三级安全教育，说法正确的是（   ）。

   A. 三级安全教育只针对新员工进行

   B. 安全教育后员工无须考核就可以上岗

   C. 在进行教育前，首先要明确教育的对象，不同对象安全教育的目的也不同

   D. 安全教育持续的时间半天或一天都可以

2. 三级安全教育中，部门的职责不包括（   ）。

   A. 介绍本部门或车间生产特点、性质

   B. 介绍消防安全知识

   C. 介绍部门或车间安全生产和文明生产制度

   D. 讲解国家有关安全生产的方针、政策、法律和法规

3. 企业新职工应按规定接受三级安全教育，这里的新职工不包括（   ）。

   A. 新聘正式员工   B. 新客户

   C. 新招合同工   D. 新招兼职人员

4. 该煤矿团队领导在事故发生后，应立刻做的工作是（   ）。

   A. 立即上报有关部门

   B. 和伤亡者订立赔偿协议，私下解决问题

   C. 对在场领导处以巨额罚款

   D. 封锁消息

5. 员工在煤矿生产中的健康与安全责任不包括（   ）。

   A. 正确使用工作设备   B. 关心他人的健康与安全

   C. 报告并调查事故   D. 及时汇报工作场所的安全隐患

扫描二维码，查看参考答案。

第Ⅳ单元　资　源　配　置

　　"要不惜一切代价把这件事做好!"这句话很有魄力,却很少在企业中听到。当你听到这句话时,通常企业正处于危机的紧要关头——而事后你往往会发现,这样"不惜一切去做"的代价巨大。因为,资源都是有成本的,企业必须经常衡量得到的结果与耗费的资源是否相当,否则就是得不偿失——这可不是个容易作出的决定。

　　也许你会认为,只要拥有无限的资源,任何事情都是可以完成的。但是,一方面,无限的资源并不存在;另一方面,即便拥有大量的资源,也并不意味着绝对的成功。要想获得满意的结果,你需要有合适的资源——合适的人才、合适的设备和原料、足够的资金和恰当的信息,同时,你必须能以合适的方法对拥有的资源进行有效管理。

　　在本单元,你将有机会学习资源配置的相关知识,以便恰当地使用资源,获得成功。本单元主要讲述资源管理包含哪些内容,并且讲述了一个基于计划、组织和控制的资源管理"三步走"的流程。通过这一方法,你将会学习到一些相关的技巧和技术,例如:如何预测需求,如何选择合适的供应商,如何进行资源调度、存货控制和设施维护以及如何妥善保存记录。本单元结束时,你将掌握有效管理资源、实现企业目标的方法。

```
                                                                        资源的概念和类型
                                            资源
                        12. 资源的                                       主要资源与辅助资源
                        基础地位
                                            资源管理                     资源管理流程


                                                                        时间—序列分析
                                            预测资源需求                统计需求分析

                        13. 资源配置                                    德尔菲法
                        第一步——计划
                                            制订资源计划                制订资源计划的方法

                                            合理选择供应商              选择供应商的标准

                                            企业资源计划(ERP)系统

        资源配置
                                            采购流程                    ★采购流程各阶段
                        14. 资源配置        资源调度                    资源调度的类型
                        第二步——组织
                                            资源调度的方法


                                                                        有效库存与非有效库存
                                            库存控制
                                                                        ★库存控制的重要性
                        15. 资源配置        设施维护                    全面生产设备管理(TPM)
                        第三步——控制
                                            环境控制

                                            资源性能控制                资源性能的评估标准和指标

                                            保存记录
```

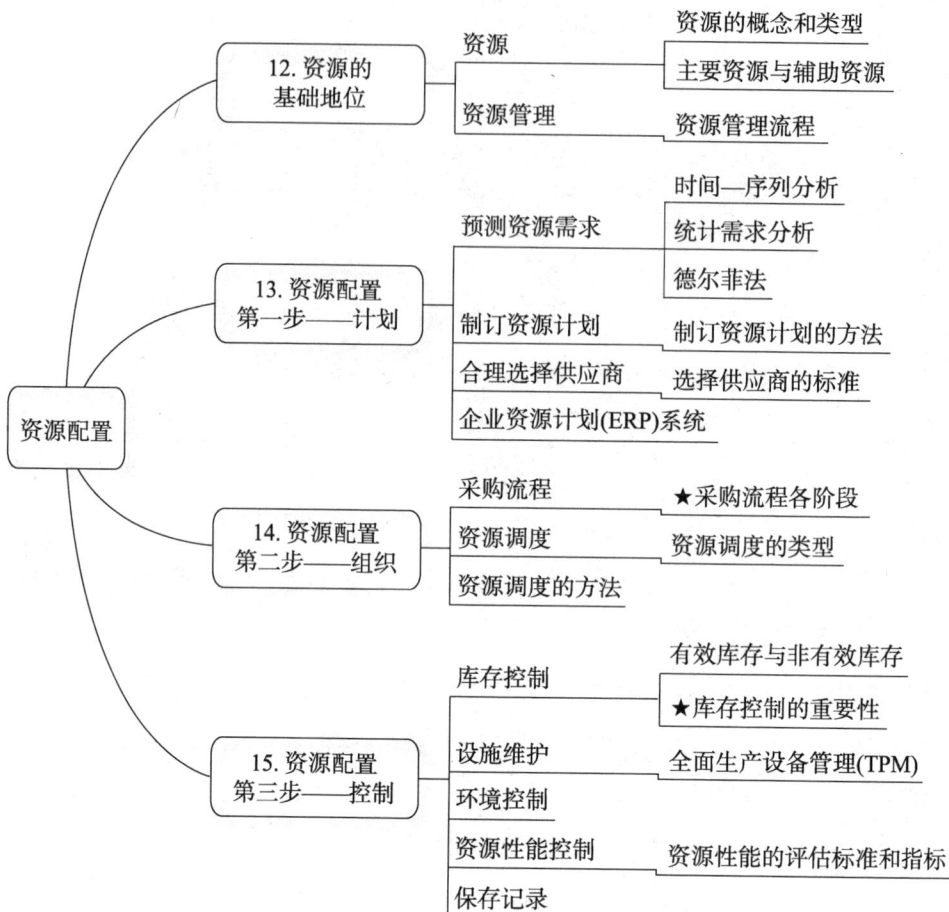

★代表本部分是案例重点考核内容。

扫描二维码，学习本单元概况。

第 12 章　资源的基础地位

学习目标

1. 了解主要资源和辅助资源；
2. 重点掌握资源的概念和资源的类型；
3. 重点掌握资源限制；
4. 重点掌握资源管理流程。

学习指南

要研究资源管理，首先我们要知道"资源"究竟意味着什么，以及它对于企业的产品开发和服务工作的重要性；然后将学习"资源管理流程"，也就是管理资源的关键措施。同时，在这一章你会学到如何应对资源限制，即在资源不足的情况下，你该怎样完成工作。

关键术语

资源　资源类型　资源管理流程（计划　组织　控制）　资源限制

12.1　资源

12.1.1　资源的概念

所有类型的企业都有生产系统，如图 12-1 所示，这个生产系统将输入（资源）转化成理想的输出（产品或服务）。企业要为它的客户提供产品和服务，同时自己要获得利润。为了实现这个目的，组织需要输入资源。可以说，资源是实现组织目标的手段。

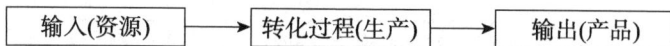

输入(资源) → 转化过程(生产) → 输出(产品)

图 12-1　资源在生产系统中的转化过程

○　资源作为"输入"，是产生一切的基础，没有资源，就没有最终产品；没有最终产品，企业也就不能存在。对于这个生产系统来说，"输入"可以是一种原材料、一件半成品或者是另外一个生产系统的成品。

○ "转化过程"就是各种商业操作和将原材料转化为产品的生产过程，它包括：

（1）物理过程（例如，制造）；

（2）位置变化过程（例如，运输）；

（3）交易过程（例如，零售）；

（4）存储过程（例如，库存）；

（5）信息过程（例如，电信）。

需要注意的是，这些转化过程并不是互相排斥的，例如：对于一家百货公司来说，它既允许顾客比较价格和质量（信息过程），又要存储货物一直到其卖出去（存储过程），同时它还要销售货物（交易过程）。

○ "输出"不仅包括为顾客提供的商品和服务，也包括利润、工资和信息等。

12.1.2 资源的类型

企业在运营过程中所需要的资源主要包括以下几个类型：

○ 原料——制造产品所需的、未经加工的原材料；

○ 设施——土地、建筑物、设备、机器、车间、加工工具等实物资产；

○ 数据——所有被公司收集和存储在数据系统中的、有助于公司作出决策的信息和知识；

○ 资金——公司经营所需要的钱，包括现金、参股、拨款、贷款、捐赠等；

○ 劳动力——企业的人力资源，例如职员、管理人员等。

几乎所有类型的组织，无论是上市企业、非上市企业还是志愿者组织，基本都拥有这些资源。表 12-1 列举了一些不同的企业在实际的运作过程中所使用的不同资源以及资源在生产系统中的转化流程。

表 12-1　不同类型企业的不同资源及资源转化流程

组织的类型	资　　　源	转化过程	产　　　品
农场	种子、牲畜、农场、农业工人、机器	挤奶、田间作物管理、收割、土地管理	牛奶、肉、谷物、蛋
软件公司	代码、数据、IT 技术、高科技办公室	编程、网络开发、研发	软件、网站、产品、职工优先股权
慈善团体	捐赠品、赞助者、募捐活动、志愿者	举办活动、请求捐赠、联络赞助者	善款、善举

续表

组织的类型	资　源	转化过程	产　品
公安局	警官、信息系统、证人、公共基金	防止犯罪、破案、逮捕罪犯、户籍管理	证物、犯罪记录
大零售商	职员、批发的货物、超级市场、网站、市场调查	销售零售货物和服务、向客户提供服务	被客户买走的产品、解答客户询问、利润和红利

根据上面讲述的资源的类型，通过下面的训练与练习了解你所在的企业日常的资源运营状况。

训练与练习　企业需要的资源

问题：

根据你所在企业的情形，在表 12-2 中写出企业需要的资源的类型及其转化过程和产品。

表 12-2　企业中的资源分析

组织的类型	资　源	转化过程	产　品

153

总结：

通过上面的练习，可以清楚地了解企业经营运作所需要的资源，这些资源通过一定的转化过程，最终生产出产品，这样就为管理及调配资源奠定了基础。

12.1.3　主要资源与辅助资源

用于核心业务的资源是主要资源，相对的，为这些核心业务提供支持的资源则是辅助资源。

例如，在汽车制造方面，组成汽车的各种组件和制造这些组件的设备是主要物质资源；土地、建筑设施、车间以及安装设备就是次要（辅助）物质资源。在人力资源方面，一些人是核心人员，比如研发部门、市场部和生产部门的人员；而其他人则是支持人员，比如设备管理部门、财务部门、人力资源（或人事）部门和信息技术部门的人员。

12.2 资源管理

12.2.1 资源管理流程

资源管理可以被视为一个由计划、组织和监控所组成的流程。图 12-2 给出了这一流程和流程的每一个阶段涉及的关键要素。

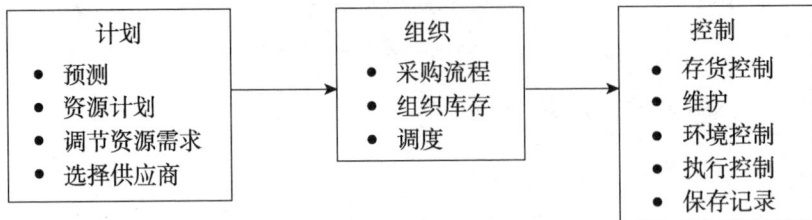

图 12-2 资源管理流程

12.2.2 资源限制

在资源管理过程中，非常重要的一点是必须要意识到资源不是毫无限制的，在资源管理方面有着种种限制条件。比如大家有时会感到自己所拥有的人员、信息、设备、原料和资金不够用，产品的质量总不够好。公司的资源受很多因素的限制，例如可行性和成本。而对于单个部门而言，可用的资源受公司对该部门重要性的认识和公司本身资源条件的双方面限制。但是，不管怎样，人们仍然必须在现有的条件下工作。

下面的训练与练习可以帮助你思考组织现有的资源面临哪些方面的限制。

训练与练习　资源的限制与管理

问题：

你所在企业中，人员、信息、设备、原料和资金等资源所面临的限制有哪些？好好思考它们，并在表 12-3 中详细列出，之后想一想它对你的工作有什么影响？这样做的目的是要阐明你所使用的资源的不同类型，以便容易地确定在哪些方面需要作出改进。

表 12-3　组织中的资源限制情况分析

材　　料	设　备	数　据	资　金	劳动力

○　在数据目录下列出信息技术系统，例如人力计划、预算、市场预测、库存管理、
购买、调度等方面的信息与数据；

○　在劳动力目录下根据员工的工作职位列出相应的信息；

○　查看一下你的年度预算，以便确定你通常情况下的财务需求。

总结：

（1）无论何种类型的资源，都不可能无限制地满足你的需要。如果你能意识到这一
点，就能够在工作中珍惜资源，并优先保障急需的资源。

（2）仅有资源还是不够的。我们身边经常会出现这样的情况：向企业投入大笔的资
金，却没有达到预期的目标。例如，一些足球俱乐部在球员身上不惜血本，却屡遭败绩，
而一个小俱乐部花费很少却取得了很好的成绩。从中可以看出，仅有资源并一定会收到
好的效益，对于组织来说，有效的资源管理同样非常重要。

（3）明确企业需要使用的主要资源，总结自己在各方面的资源需求，有利于提高资
源管理的效率。

本章小结

本章我们了解了资源的内涵，以及它对企业的意义。企业的管理，实质上是各种资
源的管理，资源管理由计划、组织和控制三个重要的部分组成。基于日常经营活动，企
业的资源处于实时变化中，本章介绍的资源管理的知识可以让我们随时掌握企业现有资
源，最终实现科学配置资源的目标。

思考与练习

1. 企业经营中所需的资源有哪些？
2. 资源管理流程有哪些步骤？

第 13 章　资源配置第一步——计划

学习目标

1. 了解企业资源计划（ERP）系统；

2. 了解如何调整资源计划；

3. 掌握如何制订资源计划；

4. 掌握如何合理地选择供应商；

5. 重点掌握几种常见的资源需求预测方法。

学习指南

　　计划是资源管理过程的第一步，本章将介绍如何通过确定资源需求进而作出相对应的资源计划。计划与预测有很大的关系，因此，本章首先将要介绍几种有关预测的方法，例如时间—序列分析、统计需求分析和前导指数法等。其次，本章将介绍如何制订资源计划，如何调整资源计划以及如何选择合适的供应商来提供自己所需要的资源；最后本章还将介绍一个整合了企业运营所涉及的一切资源的 ERP 系统。

关键术语

　　时间—序列分析　统计需求分析　前导指数法　德尔菲法　供应商　企业资源计划（ERP）系统　制订资源计划　服务品质协议

13.1　预测资源需求

　　对于每一个企业和每一个重要的经营管理决策而言，预测都是至关重要的，它是企业制定计划的基础。下面的案例与讨论引出了预测需求的重要性。

案例与讨论　预测决定计划

　　京东商城依靠其历史交易数据，能够预测出用户的购买力和产品需求。某品牌手机新品首发时，京东通过大数据分析，测出了北京每个小区新款手机的需求量，并把相应数量的手机发到配送站（京东在北京的 200 多个配送站），这样用户一下单，配送员就从配送站把货送到用户手中，最终实现"未买先送"。

问题： 预测的作用有哪些？

总结： 需求预测不仅适用于库存管理，还可以应用于供应链的其他环节，如通过预测销量指导产品生产，进行资源计划，例如设置目标销售额、增加员工或者裁员。最终提升企业的运营效率，增强企业的市场竞争力。

有很多方法可以用来对资源需求进行预测，例如：时间—序列分析、统计需求分析、前导指数法、德尔菲法以及顾客需求调查等，这些方法可以把需求和公司的目标联系在一起。下面将分别进行介绍。

13.1.1　时间—序列分析

时间—序列分析（Time Series Analysis）是基于这样一个前提：通过过去的行为预测将来的行为，它是一种将过去需求相关的历史数据用于预测未来需求的方法。例如，通过过去的销售额就可以推测出将来的销售额。所谓时间—序列是按照时间收集的一组数据，例如，每小时、每天、每星期、每月、每个季度或每年，并且以时间顺序排列。然后把它分成五类（趋势、周期、季节性模式、随机事件、前导指数）进行分析，预测将来的需求水平。

○　趋势——即长期模式，例如未来是面临增长还是面临下降；

○　周期——表示由于经济环境和竞争造成的按一定的时间循环出现的改变，例如：经济不景气；

○　季节性模式——是指一年中有规律的改变，例如天气因素或如春节之类的节日；

○　随机事件——是指偶然事件，例如罢工和灾难等；

○　前导指数——它设计与公司的表现有关的特定的统计信息。

下面分别举例说明五类分析方法。

步骤与方法　时间—序列分析方法

（1）趋势分析法

一家保险公司长期的销售记录表明，其保单的销售量每年增长 5%。假设该公司今年卖出了 12 000 张新的人寿保险单，想要预测明年的销量。单从"保单的销售量每年增长5%"这一信息来看，预计明年销售量是：

$$12\ 000 \times 1.05 = 12\ 600（张）$$

（2）周期分析法

继续以上述保险公司为例，假如预期明年会出现经济衰退，这将可能造成总销售量只能达到原来预测的销售量的90%。那么，明年的保单销售量有可能是：

$$12\ 600 \times 0.90 = 11\ 340（张）$$

（3）季节性模式分析法

继续以上述保险公司为例，假设该公司每个月的销量是相同的，那么，根据上面的计算结果，其月平均销量应是 11 340/12 = 945（张），然而，12 月保险单的销售量会高于月平均水平30%，因此，12 月的销售量应该是：

$$945 \times 1.3 = 1\ 228.5（张）$$

（4）随机事件分析法

继续以上述保险公司为例，如果公司预期将来不会发生不稳定的事件，例如罢工或新的保险法规。那么，依据以上计算结果，估计明年 12 月的保单销售量会达到 1 228.5 张。

（5）前导指数分析法

这也是一种时间—序列方法，它设计特定的统计信息，而是这些统计信息与公司的表现有关。它们预示着将来的趋势，从而知道管理者在这些趋势的基础上采取行动。

例如，生产产量统计会提供给公司一个可能需求水平的意见；房价能够提供给建筑公司相关的供给和需求信息。

13.1.2 统计需求分析

该分析方法以需求因素为基础，不与时间相关联。一般来讲，我们通常是用一个公式来预测未来的需求。

举例来说明：某电气公司董事会提出了一个需求预测公式，它预测在其公司所在地区，洗衣机的年度销售额（Q）（经检验，该公式有95%的正确率）为：

$$Q = 210\ 739 - 703\ P + 69\ H + 20\ Y$$

其中，P：平均安装价格；H：出现的新家庭数量；Y：人均收入。

依照上述预测公式，在一年内，当平均安装价格（P）是 387 元，有 5 000 个新的家庭（H）出现，而且人均收入（Y）为 4 800 元时，可以得出该地区洗衣机的年度销售额（Q）为：

$Q = 210\,739 - 703 \times 387 + 69 \times 5\,000 + 20 \times 4\,800 = 379\,678$（台）。

即我们可以通过该公式预测洗衣机的实际销量将为 379 678 台。

13.1.3　德尔菲法

德尔菲法是一种定性预测方法，该方法是由兰德公司（Rand Corporation）于 20 世纪 50 年代首创的，它采用多轮书面会谈的形式来听取专家的意见，对反馈意见加以总结和提炼，然后不断重复此过程，直到对可能的趋势形成一致意见。

"三个臭皮匠，顶一个诸葛亮"的思想常常体现在企业的运营中，例如企业可以召开小组会议来进行预测。这样的小组预测常常通过开放式会议进行，在会议中，来自不同级别的管理者和员工自由地交换想法。但是，这种情况下，职位较高的人的意见或看法往往比职位低的人的意见更受重视。更糟的是，职位低的人可能并不敢表达自己的真实观点和想法。为避免出现这种情况，德尔菲法隐去了参与预测研究的各成员的身份，使得每个人的重要性都相同。

步骤与方法　德尔菲法的具体步骤

德尔菲法的操作过程是：由主持人将设计的调查问卷发给每个参与者，各个成员的意见经汇总后以匿名的方式和新一轮问卷一起再反馈给全组的每个成员。其具体步骤如下：

步骤 1：选择参与的专家。专家组成员应包括来自不同领域的学识渊博人士；

步骤 2：通过问卷调查（或电子邮件），从各个参与者处获得预测信息；

步骤 3：汇总调查结果，添加适当的新问题，重新发给所有专家；

步骤 4：再次汇总，提炼预测结果和条件，再次提出新问题；

步骤 5：将最终结果发给所有专家。如有必要，重复步骤 4。

经过上述几轮预测，德尔菲法通常都能得到满意的结果。该方法所需的时间取决于专家组成员数目、进行预测所需的工作量以及各个专家的反馈速度。

13.1.4　顾客需求调查

除了询问专家将来的需求水平，还可以询问顾客同样的问题，比如可以询问顾客在未来的几个月是否有意购买某种产品。企业经常聘请外部的、擅长于市场调研的公司进行这类预测。在生活中，作为顾客，我们也不可避免地会接到各种电话，询问我们产品偏好、收入状况等信息。

　　无论是询问专家将来的需求水平，还是询问顾客类似问题，目的都是为群众提供优质的服务。

　　以上我们介绍了预测资源需求的几种技术与方法，下面的训练与练习将会帮助你对所学的知识进行回顾。

训练与练习　预测方法总结

问题：

你所在的企业使用哪些技术来预测需求？使用过这里所列出的方法吗？

总结：

预测需求时往往要作出一些假设，而这些假设有可能是错误的，所以预测通常会带有很大的风险。一些企业正在寻找新的方法来提高预测的准确度，并且在他们做重要的市场决策之前，他们都会收集各种可靠的数据。

案例与讨论　预测的准确率

　　当网络搜索已经成为一种习惯，人们遇到无法马上解决的问题时，第一件事就是用搜索引擎查解决办法。互联网上每天留下的上亿条搜索记录，组成了大数据模型，为预测提供了一定的依据。2009 年，《自然》期刊上的一篇论文引起了人们的关注，那是谷歌公司根据 4.5 亿个检索记录形成的数字模型，构造了流感预测指数，并预测当年冬季会有流感传播。几周后，甲型 H1N1 流感暴发，并且这个指数预测的流感趋势和流感发生地区与官方发布的数据有 97% 的相关度。如果按照大数据的预测，人们可以提早几周对流感进行防护，使病情更早被控制住，减小人们的损失。

　　　　　　　　　　——何强. 大数据预测[J]. 中国统计，2016（03）：18-20.

问题：

如何提高预测的准确率？

总结：

预测不准确是一个普遍存在的问题，由于不同预测者采集的信息、使用的方法各不相同，得到的结果也各有差异。在预测需求时，可以采用缩短预测周期，如按周或按日进行预测。缩短周期的同时找出影响预测准确性的因素，不断改进预测方法，提高预测准确率。

13.1.5　相关性分析

相关性就是两个变量之间存在的一定的互动变化的关系。在对需求的预测之中，预测出的需求和为了满足这个需求所需要的物力与人力资源之间的关系，就是一个相关性问题。

如果预测出需求将有某一程度的增长，那么将会造成多少对雇员和物质资源额外的需求？在一般情况下，只有在各自比较熟悉的日常业务中，大家才能比较清楚它们之间的比例关系，因为相关性是一个非常错综复杂的问题。例如，目前生产中如果还没有达到标准产量，那么面对额外的需求可能不需要添加额外的机器或雇员；或者，如果当前已经有了很高的原料库存水平，那么，近期可能不需要增加订货。

图 13-1 给出了一个雇员和产品之间的简单的相关性。从中可以看到，为了生产 3 000 件产品，就需要 50 位雇员，这个比例始终保持不变。换句话说，每额外增加 3 000 件产品，就需要额外增加 50 位雇员。如果这个假设没有错，这样的一个方案就可以用于人力资源计划的制订。

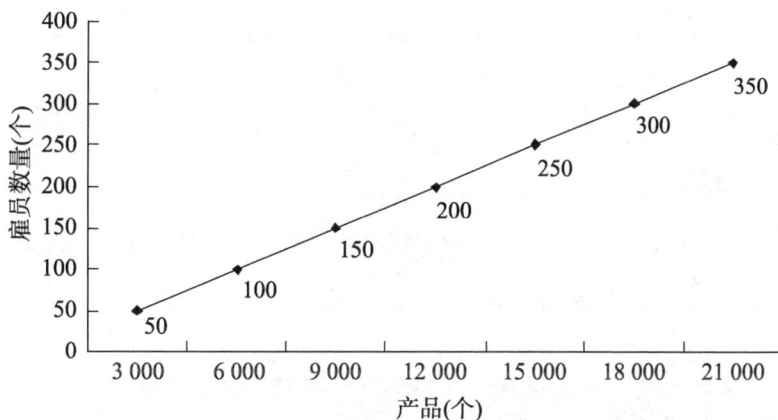

图 13-1　雇员数量与产品数量之间的相关性

13.2　制订资源计划

资源计划就是根据需求预测来决定需要什么资源，以及这些资源的成本将是多少。市场计划中通常包含这一信息，因为它将整个公司视为一个整体。在部门层次上，资源计划等同于预算。在一个大公司，将会有很多个这样的预算（如图 13-2 所示）——包括全局的和部门的。

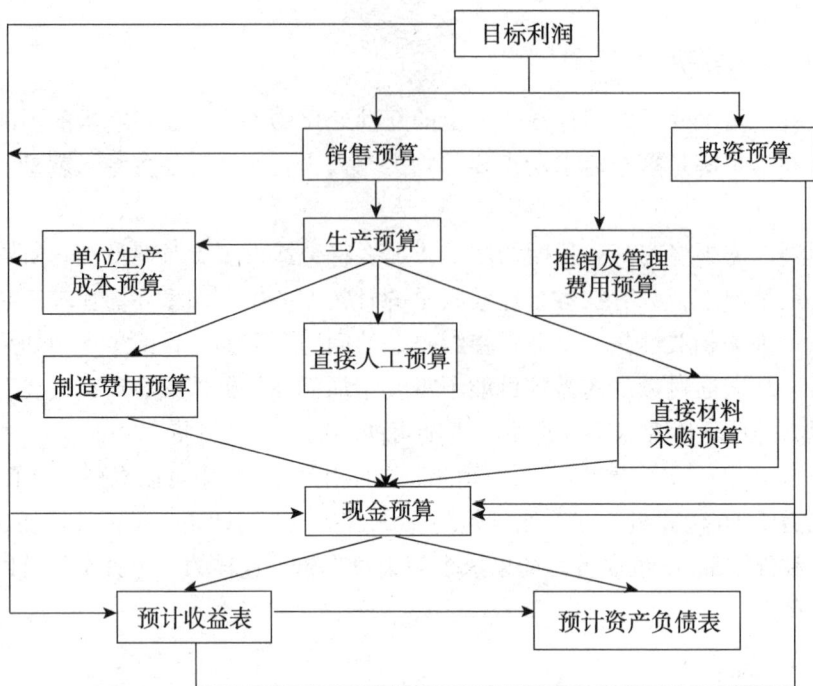

图 13-2　企业主要预算关系图

13.2.1　财务预算

预算也是一种预测，它相当于是一种财务的预测，可以用来计划和控制开支。

案例与讨论　费用预算表

一家公司正处于财务年度中期，其市场部门的经理正在审阅最新的关于费用预算的报告（如表 13-1 所示）。

表 13-1　市场部门的支出预算执行表（截至 6 月 30 日的前半年度报告）

	前半年度（1 月 1 日—6 月 30 日）			全年度
	预算（元）	实际（元）	差额（元）	预算（元）
销售职员薪金	70 000	60 000	10 000	140 000
辅助职员薪金	27 500	30 000	（2 500）	55 000
差旅费用	6 000	8 000	（2 000）	12 000
电话费用	2 500	3 000	（500）	5 000

续表

| | 前半年度（1月1日—6月30日） | | | 全年度 |
	预算（元）	实际（元）	差额（元）	预算（元）
其他办公室费用	2 250	2 000	250	4 500
培训和会议费用	7 000	5 000	2 000	14 000
总计	115 250	108 000	7 250	230 500

该公司 6 个月和 12 个月的预算是在去年制订预算计划期间得到各方认同的。6 个月的真实数字取自公司的会计记录，它代表了实际的花费。差额表示预算支出和实际支出之间的差别，根据表 13-1 可以看出，这一时期内，公司有 7 250 元的节余。

问题：

为什么会出现这种情况，公司是否需要采取措施？

总结：

当出现上述这种情况（公司有 7 250 元的节余）时，需要进行调查。花费少可能是因为一些本来已经计划好的活动没有进行，例如对代理销售经理任命的延迟降低了销售职员的薪水，或者本段时期内计划好的一些培训被推迟至本年度稍后一点的时间。这些信息本身和对这些信息的分析可用于检查剩余 6 个月的预算是否切实可行，如果有必要，就要对其进行修改。

如果你参与了一些项目运作，还可以使用投入矩阵来确认项目各项活动或任务所需要的资源以及它们的成本。下面的例子就是一个投入矩阵，它估计了准备一个项目会议的讨论报告所需要的资源（如表 13-2 所示）。

表 13-2　举办一次项目会议所需要的资源

活动	所需要的资源						
	负责人	参与人	培训需要	设备	仪器	材料/情报	费用
会议	陈总 1 天	市场部全体人员 2 天；顾问 1 天		报告厅 1 个小时	计算机 2 天	市场调查报告；产品评估	700 元

实际上，只要是从事市场营销或销售工作，就应该有一个预算，并且要求费用要限制在此预算范围内。其中预算包括了去年的销售数字和其他的财务信息。

下面的训练与练习能够帮助你了解实际工作中预算的作用。

训练与练习　预算的作用

问题：

在你的职责范围内，是怎样利用资源的？是通过自由决定，还是要在一定的预算下来制定计划？难度大吗？

总结：

表面上看，根据预算把支出限制在预算之内要比先预测需求容易得多。但是，每位管理者都知道，一方面在执行的过程中预算很容易超支，此时管理者必须对超支作出合理的解释；而另一方面，如果支出少于预算，那么下次的预算也就可能会减少。

13.2.2　制订资源计划的方法

因为需求经常会发生变化，所以就需要经常考虑如何妥善利用资源来满足需求。一般来说，可以使用三种类型的计划：等产量计划、需求跟随计划和控制需求计划。

○　等产量计划

在等产量计划中，不管需求如何变化，产量水平始终都维持在一个不变的水平上，即雇员的数目、设备以及工艺过程等都是不变的。这种计划方法适合于那些需求相对稳定和能够以合理的成本维持库存的公司。在需求较少时增加库存，而在需求较高的时期释放库存，其产量可以在整个时期内取得平衡。但是这种资源计划方法不适合于那些生产时尚产品、易腐坏产品或易过时的高科技产品的公司。对于那些季节性需求变动很大的公司，例如假日旅馆，它也是不合适的。而一个位于北京市中心的酒店就可以使用等产量计划，因为它的需求水平很可能相当稳定。公共部门组织，例如行政事务部门、地方政府、教育和护理通常都制订等产量资源计划。

○　需求跟随计划

在需求跟随计划中，产量要满足需求的变化，所以产量要尽可能富有弹性，以满足不断变化的需求水平。对于季节性服务企业，以及那些存在突发性需求的企业，如超级市场、旅店、餐馆等，它是非常合适的。在那些工作安排比较灵活的地方，如采用兼职、临时工、合同工和经常加班的形式的工作场所，它也非常有效。

○　控制需求计划

在控制需求计划中，组织力图把需求高峰加以转化缓和，以使得需求与产量相匹配，从而消除波动。举例来说，一个典型的供求策略就是当需求很少时降低价格而需求很高时提高价格，以使顾客的购买需求处于一种平缓的状态，比如在非高峰假日时段，有些旅馆会歇业。

三种不同的资源计划方法分别有其优缺点及适用条件。许多企业实际上是结合使用这三种方法，因为他们既要减少成本，同时又要对客户的要求作出反应。

13.2.3　调整资源计划

我们需要与其他人一起尽可能地合理调整制订的资源计划，特别是与相关的主管经理。如果涉及某一个项目，还需要与客户或发起人来调整该计划。

调整一个预算/资源计划是很不容易的，因为很可能自己需要的资源比别人同意提供的要多。因此，仔细地制订计划、并能清楚地说明为什么需要这些资源是很重要的，所以我们要为此进行精心准备。

步骤与方法　调整资源计划的要点

- 　对每项资源要求都能给出正当的理由，并清楚使用它们的好处；
- 　所需要的资源能够帮助实现组织的目标；
- 　资源能满足预测的需求；
- 　资源在规定的预算之内；
- 　所选方法的成本效益最好。

165

13.3　合理选择供应商

资源不会自己从天上掉下来，你必须到供应商那里去买。选择供应商要慎重考虑，因为它会影响产品的成本和质量，因此需要进行谨慎的计划。

13.3.1　选择标准

确定潜在供应商的第一步就是确定选择供应商的标准。很多公司都有固定的标准，用来筛选合适的供应商。表 13-3 给出了一组典型的选择供应商的标准。

表 13-3　选择供应商的标准

总体标准	产品方面	服务方面
供应商地址	质量	速度
供应商声誉	数量	可靠度
供应商财务稳定性	范围	交付质量
供应商是否注重技术开发	价格	弹性和选择余地
供应商是否重视客户	兼容性	售后和技术支持
	付款期限	

其中，质量是指产品的耐久度、精确度、是否易于操作和维修、是否高效节能、维护费用、安全性等特点；兼容性是指产品和服务能否与现有的生产过程协同工作；弹性和选择余地是指一个供应商所能提供的不同的采购渠道，例如，能否从互联网上采购。

下面这个训练与练习可以帮助你对所在组织目前的供应商进行评估。

训练与练习　评估供应商

问题：

分别就下列各方面（见表13-4）用1～5的等级评估你所在组织目前的3家供应商。

表13-4　评估供应商

供应商名称	质　　量	速　　度	可靠度	弹　　性	价　　格

总结：

选择供应商的关键标准是：质量、速度、可靠度、弹性和价格。根据你打的分数，可以得知你对这些供应商的满意度。如果你对情况不是很熟悉，则需要同上级主管进行讨论。

166

13.3.2　选择供应商

供应商按不同的角度有着不同的划分标准：

1. 内部供应商和外部供应商

对于所需要的不同的产品和服务，可能需要在内部和外部供应商之间选择。内部供应商是来自于组织内部的人员或团体，他们能够提供组织所需的资源，而外部供应商来自于组织之外。

虽然使用外部供应商的成本效益可能不如使用内部供应商，但是它却能提供更多的选择机会。来自于组织其他部门的压力可能会对内部供应商提供的产品和服务质量产生妨碍，但他们通常能与组织做事的方式进行很好的协调。

2. 单一供应商和多个供应商

另外一件要考虑的事情是选用的供应商的数量。例如，需要考虑的是使用同一个供应商提供不同的资源，还是让不同的供应商提供不同的资源，或者选用不同的供应商提供同一种资源。单一来源的好处就是可以逐渐地了解供应商，并形成一个稳定的、持久的关系，同时还可以得到更多折扣；缺点就是一旦供应商出现问题，我们自己可能会陷入束手无策的境地。使用多个资源供给排除了以上意外发生的可能，并且还可以通过竞标的方式压低价格；当然，协调多个资源的供给也是很困难的。

可以通过一个供应商的"优先"列表在单一和多个供应商之间求取平衡。下面这个训练与练习教你如何选择供应商。

训练与练习　供应商风险管理

问题：

在当今供应链全球化趋势已形成，当传染病、台风、地震等自然灾害出现时，会造成大量企业停产和交通、动能停运；一家供应商的下级供应商火灾，造成供货风险。在选择供应商时如预防供应链突然断裂的风险？

总结：

在供应链中，选择一成不变的供应商会造成其对责任的懈怠，因为不存在竞争，所以在风险识别、评估和应对中会给供应链带来潜在的威胁，这种威胁时刻会导致供应链中断。因此，企业可以建立供应链动态联盟，对存在风险隐患的企业采取跟踪评估的办法，以确保供应链的正常运行，如果情况不理想，可以考虑结束合作，寻找新的联盟伙伴，从而避免供应链受到威胁。

167

13.3.3　投标邀请函

如果通过竞标的形式选择供应商，那么就必须让每个供应商都了解自己的需求，因此需要写说明书或投标邀请函（Invitation to Tender，ITT）。

投标邀请函要求供应商正式提出一份投标书或报价单，用以说明他们能满足的需求。它的格式应该与表 13-5 类似。

表 13-5　投标邀请函的基本格式

标　题	内　容
介绍	投标邀请函的目的，合同细节，保密声明，截止期限，如何答复
企业	所有关于购买组织的相关信息，例如用来干什么、它用什么系统、有什么要求
操作和使用要求	详细的产品说明书应该包括技术说明、所需要的数量以及频繁程度
一般要求	涉及质量、速度、可靠度、弹性和费用的性能标准
供应商信息	供应商的背景，供应的产品，有关的合作伙伴，执行方法，支持服务认证和未来计划，保险范围，有关的政策和系统，以前的客户名录
费用，采购和合同的细节	价格范围，付款方法，其他的费用，执行程序，合同细节
时间表	从投标邀请函的发出，经过接收标书、选择过程、谈判、合同的授予以及产品的最初供应

投标书应当依据要求供应商符合的各方面标准来综合判断，但是不要过于轻信他们的回应，还应该展开相应调查，并尽可能请他们以前服务过的客户提供参考意见。

13.3.4 服务品质协议

选择好供应商之后，可以草拟一份合同，把双方的各种要求加以详细说明。合同可以采用《服务品质协议》（*Service Level Agreement*，SLA）的形式。

《服务品质协议》是一份服务供应商和客户之间的协议，它详细说明了客户所期望的和供应商所保证的服务质量。它通常包含的要素如表 13-6 所示：

表 13-6 《服务品质协议》的基本要素

要　素	应该包含的内容
相关各方和服务	是谁与谁之间的协议，提供什么样的服务
目标和目的	协议的目的和一系列的声明，规定主要的服务目标
服务定义	所提供服务的不同要素的细目分类
客户责任	为保证服务的正常交付买方所必须做的事务，例如按时下订单、升级软件、提供预防性的反馈、预防性讨论问题、提供适当的文书工作
性能标准	在交付成果方面有什么期望——质量、速度、可靠度、弹性和费用。对于没能达到性能标准时有什么处罚
性能指标	如何测定性能，例如交付的速度、每小时运转的成本、正常的从订货到交货的时间、顾客的抱怨、坚持进度计划
沟通	如何处理争议和安排进展检查
约束条件	哪些环境可能造成妨碍，使服务达不到标准，应如何避免

制定《服务品质协议》是非常需要技巧的，因此，在制定之前我们应该学习一些注意事项。下面是关于如何制定《服务品质协议》的一些建议。

步骤与方法　制定《服务品质协议》

○　制定《服务品质协议》时应该做的：

1. 愿意了解其他人的观点；
2. 探讨可供选择的服务水平；
3. 记住需要平衡服务和成本之间的矛盾；
4. 在对需求的初始评估中，注意细节；
5. 预防性检查协议中所规定的性能指标；

6. 在当事双方中确认义务；

7. 注意有可能造成争执的定义，例如"停工期"或"有效性"。

○ 制定《服务品质协议》时不应该做的：

1. 满足于不充分的测定标准；

2. 接受表述不清楚的文件；

3. 忽略了监督基本服务质量的成本；

4. 把服务品质协议做得过于琐碎和困难，难以监控；

5. 满足于含糊的或不切实际的目标。

下面的训练与练习将帮助你进一步理解《服务品质协议》的各个要素，有利于提高竞标的质量。

训练与练习 草拟服务协议

问题：

使用表 13-7，与当前的供应商草拟一个简短的服务协议，以提高他们所提供的（也是你所期望的）服务水平。对照表 13-6 来做。你可以使用一个目前正在履行的协议，这样能够在现行实践与最优做法之间进行比较。

表 13-7 服务协议

与＿＿＿＿＿＿＿＿的服务协议	
要素	应当包含的内容
相关各方和服务	
目标和目的	
服务定义	
客户责任	
性能标准	
性能指标	
沟通	
约束条件	

总结：

完成这样的表格是一种很好的练习，因为它可以清晰地确定你对供应商的需要是什么。你还可以根据练习的结果与主管经理讨论如何根据自身工作的实际情况，制定一个《服务品质协议》。

13.4 企业资源计划（ERP）系统

ERP，即企业资源计划（Enterprise Resources Planning），这一概念最初是由美国的 Gartner Group 公司在 20 世纪 90 年代初期提出的，并就其功能标准给出了界定。作为企业管理思想，它是一种新型的管理模式；而作为一种管理工具，它同时又是一套先进的计算机管理系统。在很短的时间内，它很快就被人们认同和接受，并为许许多多的企业带来了丰厚的收益。

作为先进的计算工具，ERP 有很高的运算能力、固定的程式与规则，对于企业提高管理水平具有重要意义。企业管理内涵非常丰富，不同的人有不同的分类，但大致可以分为三个层次：操作层、流程控制层与战略计划层。对应这三个层次，ERP 都有不同程度的用武之地。

步骤与方法   ERP 的应用

○ 先进的信息系统平台

信息作为企业运作的重要因素，对于企业经营与运作的重要性与日俱增；因此，信息系统作为信息运作的载体，是企业的重要基础设施。大多数企业要么没有一个集成的信息系统，要么自己开发部分功能，大多数系统技术手段落后，已不能适应企业快速发展的业务需要。有人十分形象地形容是"长了一个粗壮的身板，却穿着一件破旧的小棉袄"。而 ERP 专业厂商提供的系统软件不仅功能齐全、集成性强、稳定性好，能提供及时准确的信息，而且具备可扩展性，是一项值得考虑的选择。

○ 规范基础管理

在大多数企业中，新员工上岗时往往是"师傅带徒弟"，这样做效率低、信息传递准确性差，导致管理停留在较低的层次上徘徊不前；同时，在大多数企业中可能缺乏科学详尽的岗位责任制，工作在很大程度上靠人的悟性与磨合，"人治"的痕迹还很重。而通过实施 ERP 系统，由于其必须靠计算机来实现，这意味着企业必须对各种流程活动、岗位与制度等进行系统的梳理与明确，即使不借助先进的模板与顾问的经验，也在很大程度上能促使企业从"人治"走向"法治"，有利于规范企业管理。

○ 整合企业各种资源，提高资源运作效率，有助于形成合力

ERP 系统的管理理论基础是供应链管理，它把企业与供应商和客户有机地联系起来，并将企业内部的采购、开发设计、生产、销售整合起来，使得企业能对人、财、物、信息等资源进行有效管理与调控，提高资源运作效率。

总体上讲，ERP 更侧重于操作层（业务活动）与流程控制层，但它作为一套先进的

资源管理系统，可为企业提供准确、及时、集成的信息，对各种资源利用状态的监控以及强大的分析工具，可以为战略计划提供强有力的支持。

本章小结

认识资源的内涵及其意义后，本章我们了解了预测及计划的重要性，掌握了需求预测的基本方法。根据计划，盘点企业现有资源，对外寻找所需资源。按所需资源的数量，计划所需资源配备，制订财务预算、寻找合适的供应商，完成资源配置的计划。

思考与练习

1. 制订资源计划的方法有哪些？
2. 经常使用的需求预测方法有哪些？
3. 你所在企业选择供应商的标准通常是什么？
4. 什么是《服务品质协议》（SLA）？

第 14 章　资源配置第二步——组织

学习目标

　　1. 掌握采购的流程；

　　2. 掌握资源调度的相关概念；

　　3. 重点掌握工作调度的方法。

学习指南

　　在完成资源计划的制订后，本章将介绍如何组织资源。首先介绍采购的流程以及在一个好的采购系统中应该有哪些环节；其次讲解了有关资源调度问题；最后详细介绍了资源调度的方法，例如计划图、甘特图以及自动调度等。

关键术语

　　采购流程　资源调度的类型　资源调度的方法　甘特图

14.1　采购流程

　　确定了供应商之后，需要正式提出一个采购流程以提高产品交换效率。采购流程很重要，采购中的错误以及低效的采购系统会严重损害公司的利益。通过下面的案例与讨论，请认真体会采购流程对公司利益的重要性。

案例与讨论　采购流程的重要性

　　某综合医院的医用耗材来自三百余家供应商，其中常用物资规格、品规约一万多种，如此庞大的数据管理，在 2015 年以前主要依赖院内人员手工管理，采购及盘点时很容易出现差错，效率也不高。2015 年，医院搭建了医疗物资云采购平台，是依托互联网开放技术，建立起的涵盖供应商管理、资质管理、订单配货协同、招标管理等环节的医疗机构外部供应链体系。

在采购环节上，以前采购员主要通过电话沟通方式报货，报货的内容包括产品名称、规格、数量，采购过程中很容易出现各种问题，当采购品规多时容易出现报错货或报漏货现象。现在采购员仅需在系统内提交采购单就可，必要时通知一下供应商今天有报货，例如：某天，采购员向一家公司采购20件品规的产品，以前电话报货—供应商记录—确认过程至少要10分钟，而现在仅需一个自动短信通知报货就可以了，采购员工作量明显减少，报货准确率大大提高，错误采购物资现象基本未发生，缺货率明显降低。

问题：

本案例中新的采购流程为医院提供了哪些优势？

总结：

管理成本下降是每个企业追求的目标。改进操作流程便是它们普遍采用的一种手段。通过使用新的技术可以改善流程，这样可以达到节约成本的目的。

根据企业经营业务的不同，采购流程也各不相同，图14-1是政府采购中信息类产品协议供货采购流程图。

| 采购人网上查询商品 | 采购人电话联系或网上订购 | 供应商网上填写合同和验收单 | 供应商打印合同和验收单并送货 |

图 14-1 信息类产品协议供货采购流程图

步骤与方法 采购流程各阶段

第一阶段：提出采购申请

该阶段的主要内容是在组织内部由采购申请部门提出一个申请。

第二阶段：拟订采购说明

在这一阶段，无论是谁负责提出订单，都将会得到订单的详细说明，如果必要，还将会拟订出一份新的说明。

第三阶段：提供报价单

在这一阶段，基于采购申请和采购说明，供应商将提供一份报价单。这份报价单应该包括产品或服务的价格、折扣、运输费用和付款期限等。

第四阶段：提出订购单

基于收到的报价单，买方提出商品订购单。该订购单应当描述货物的数量、报价以及交付期限等。

第五阶段：收货和退换

在接收货物时，买方应当依据提货单对货物进行检查并签收。任何损坏的货物都应根据报价单和订购单规定的方式进行退换。

第六阶段：出具发票

在这一阶段，供应商出具付款发票，应依据订单对其进行检查。

第七阶段：付款

最后，卖方应根据协定的期限，由其会计部门在指定时间内完成付款。

通过下面的训练与练习，可以帮助你巩固有关采购流程的知识。

训练与练习　采购流程

问题：

思考你所在企业的采购流程，其中是否存在时间和金钱浪费的问题？是否采用了自动化操作或其他新的方法和技术？

总结：

如果认为新的软件有所帮助，则可以在互联网上查找"采购软件"来搜索可用的资料。也可以同上级经理讨论改进措施。

延伸与拓展　电子采购

采购业务流程的每个步骤都可以在信息技术的支持下实现电子化。一套完整的电子采购业务模型主要包括六大核心部分：电子设计系统、电子供应源系统、电子目录系统、电子订货系统、电子物流系统和电子支撑系统。

电子供应源系统、电子目录系统、电子订货系统这三大系统，主要完成行单位采购业务的采购职能。电子物流可以使采购单位、生产商和供应商联合制定单位需求计划和能力规划，通过电子平台改善对在途物资的追踪，降库存物资存量，减少资金占用率，降低采购成本。电子采购业务是一个系统的、完整的过程。其优点有采购时间短、对市场的反应速度快、降低库存积压、采购流程合理、采购情况可以迅速汇总分析、采购成本降低等。

——申永君，李敬敏，武爱军，等. 浅议行政事业单位物资电子采购和传统采购[J]. 经济师，2020（2）：212-213.

174

14.2 资源调度

资源调度是资源组织的精华，它保证了合适的资源在合适的时间被送到合适的地方。资源调度包括：职工工作日程的调度，如工作模式的安排；物力资源调度，如库存或产品的调度。下面我们分别进行介绍。

14.2.1 工作调度

工作调度是针对团队或个人的关于工作或任务的时间安排。工作调度可能基于日常运作方式，也可能基于项目制。工作调度把任务和执行此任务的人都集成在一起。下面有一个例子，是"企业新员工入职培训"这项工作的工作调度。

表 14-1 企业新员工入职培训工作调度表

培训安排	时　　长	人　　员	方　　式
公司介绍	15 分钟	人力资源主管	讲授
企业文化	15 分钟	人力资源主管	讲授
行政后勤管理制度	20 分钟	行政经理	讲授
公司财务制度	20 分钟	财务经理	讲授
重要项目介绍	30 分钟	业务总监	讲授
个人职业规划建议	60 分钟	总经理	讲授、交流

工作调度与工作模式安排关系密切，二者相结合形成企业的日常运行工作。同时，合理的工作模式安排也是实现企业目标、提高工作效率的重要保障。

步骤与方法 工作模式安排

工作模式安排就是规定员工的工作时间或指定工作班次。在一个按照早九晚五的坐班制的企业里，这可能十分简单；但在一个灵活的、需要在 24 小时里提供服务的企业中，它可能变得相当复杂。

考虑到在一年的某些时期会出现客户需求的波动，可能还需要每个月的、每个星期的，甚至每天的安排表。

14.2.2 库存调度

库存调度是对资源需求和库存交付时间的安排。下面是某玩具 2020 年 3 月的库存调度表，如表 14-2 所示。

表 14-2 某玩具 2020 年 3 月库存调度表

产品名称	规　　格	上月结存	本月入库	入库时间	本月出库	出库时间
A 款玩具	大号	19	120	3 月 2 日	110	3 月 10 日
A 款玩具	小号	33	140	3 月 2 日	150	3 月 8 日
B 款玩具	大号	45	200	3 月 5 日	220	3 月 9 日
B 款玩具	小号	24	150	3 月 5 日	170	3 月 6 日
C 款玩具	大号	36	100	3 月 6 日	120	3 月 8 日
C 款玩具	小号	31	100	3 月 6 日	120	3 月 9 日

14.2.3 生产调度

生产调度是指为了完成生产目标而制定的安排。包括生产什么、生产多少、生产频度等。在复杂的制造企业中，产品都是通过信息系统与库存相联系的，这就是所谓的物资需求计划（Materials Requirements Planning，MRP）。在 MRP 中，通常包括以下两种调度：

1. 长期的总体生产进度表

这种生产调度包括产品的所有需求，以产品、数量和日期的形式来表示。这可能只是一个订单流程中很简单的一项，但是对于重复的制造环境来说，长期的总体生产进度表将取决于订单、库存和要求的产量（如表 14-3 所示）。

表 14-3 长期的总体生产进度表

单位：件

项　　目	月　　份							
	一月	二月	三月	四月	五月	六月	七月	八月
订单	235	200	190	170	70	75	65	60
库存	285	50	0	0	0	0	0	0
需求	0	150	190	170	70	75	65	60

2. 短期的生产调度

短期的生产调度处理产量和需求的问题，以每小时、每天、每星期为基础来做计划。

案例与讨论　工业互联网背景下的跨企业生产调度

2020 年新冠肺炎疫情初期，中国大量的防疫企业还处于"三哑"状态（即哑设备、哑岗位、哑企业），信息不通直接影响了防疫物资的调配和防疫行动的决策。口罩、防护服的供需和产能成为关注的焦点：一线医院急需大量防疫物资而找不到供货商、生产商组织生产缺乏原材料、转产企业想要生产缺乏知识和经验……一天生产了多少疫情防护物资？生产物资的厂家在哪？物资生产所需的重要原辅材料、重要生产设备在哪？这些基本信息在防疫物资紧缺的时候会一直困扰着决策人员。其主要原因是企业依赖传统的供应链，一旦协商好的供应源头或物流出现问题，就会给企业造成致命影响。

在疫情暴发期间，很多工业互联网平台企业投身于抗疫活动中，利用新手段在防疫物资供需对接、物资统计、产能提升方面发挥了重要的作用。企业可以在短时间内整合最好的资源进行研制，研制人员也可以更灵活地进行组织，而不仅限于企业固有的人员，智能监控和预测分析，实现精细化生产运营管理。

问题：

工业互联网的跨企业调度方式对企业产生什么影响？

总结：

传统制造企业必须拥有自己的厂房、设备、物料、信息化设施、技术人员等全套制造条件，同时必须具备相应的设计、制造、管理、销售等能力，这对于每个企业来说，既是企业的生存之本，又是企业利润的负担。

通过工业互联网平台，个别企业的短板（特殊制造资源、临时性的加工能力、关键工艺等）可以被区域其他企业的优势所弥补。建立共享制造资源的公共服务平台，将巨大的社会制造资源池连接在一起，提供各种制造服务，实现制造资源与服务的开放协作、社会资源高度共享。

14.3　资源调度的方法

我们可以使用一系列的表格和图表来制定进度表，就像前面引用的很多例子。下面将要讲述一些常用的制定资源调度表的方法。

14.3.1　计划图表

计划图表或个人管理器都是用于调度的简单工具。例如，使用上面所介绍的关于项目的工作调度表，可以把相关的任务、所需要的人和时间编在一起。你可以利用墙上的大日历来做简单的计划图表，比较直观和清晰。表 14-4 是一个项目在 2021 年 1 月的工作安排计划表。

表 14-4　工作安排计划表

星期一	星期二	星期三	星期四	星期五
				1 日
4 日 小张编程	5 日 小李编程	6 日 小张检查	7 日 小张编程	8 日 小张检查
11 日 小张编程	12 日 小李编程	13 日 小张编程	14 日 小张检查	15 日 小张编程
18 日 小李编程	19 日 小李编程	20 日 小李编程	21 日 小张检查	22 日 小李编程
25 日 小李编程				

14.3.2　甘特图

甘特图使用条形表示工作和时间，它能一目了然地显示出任务增加和处于低潮的时间。如果必要，可以用它重新进行任务分配。任务的时间长短与条形的长度成比例。表 14-5 "出版《健康与安全》手册"项目第一阶段的甘特图展示（有关甘特图的应用在本书下册 22.4.2 "甘特图"内容中还有说明）。

表 14-5　甘特图表

关键任务	第一周	第二周	第三周	第四周	第五周	第六周	第七周	第八周	第九周
召集发起人讨论项目	■	■							
分析项目所需资源及成本			■	■	■				
设计调查问卷并收集意见				■	■	■			
整理信息并作出结论							■	■	
寻求发起人和客户认可								■	■

14.3.3 自动化调度

现在很多的调度都是自动化的。使用项目管理软件就可以制定进度表，而且比手工系统更容易进行沟通和更新。下面的案例与讨论讲述了自动化调度的应用。

案例与讨论 自动化调度

音乐播放软件"网易云音乐"于 2013 年 4 月发布，是中国首次尝试用大数据做个性化推荐的音乐软件，软件统计了每天产生的近千亿条数据，包括听歌数据、收藏数据、社交行为等，将自有曲库和数据经由人工智能进行处理，最终生成网易云音乐的榜单、个性化推荐内容等。2018 年用户突破 6 亿名，每日推荐仍是用户最喜欢的功能之一。

问题：

管理者应当对自动化调度持何种态度，在日常管理中做何改变？

总结：

随着全球化、数字化、自动化的到来，企业应尽快适应，拥抱新技术。在日常管理中，管理理要意识到，自动化技术可以为基层工作者分担部分事务，减少重复性工作，使员工将精力投入创新、营销等价值更高的领域。

通过下面的训练与练习，可以对前面所介绍的各种调度方法进行巩固。作为企业员工，面对新的技术，要勤奋学习，提高职业能力。

训练与练习 调度方法分析

问题：

思考你在组织和工作领域中使用的各种调度资源的方法，分析其中存在的问题并提出改进意见，如表 14-6 所示。

表 14-6 资源调度方法分析

使用的调度方法	存在的问题	改进意见

总结：

结合所学的内容，反思在工作中使用的资源调度方法。这种反思可以帮助你找到自己的问题和解决问题的途径，从而提高资源管理的效率。

本章小结

确定所需资源后，根据采购流程，我们能够按照需求，从供应商处采购资源，形成自己的供应链。本章介绍的采购流程及多种调度方法可以确保在资源配置的第三阶段得到合理高效的利用。

思考与练习

1. 采购流程一般包括哪些阶段？
2. 什么是资源调度？资源调度包含哪些内容？
3. 调度过程中一般都使用哪些调度方法？

第 15 章　资源配置第三步——控制

学习目标

1. 了解环境控制的有关内容；

2. 了解如何保存记录；

3. 掌握库存控制；

4. 掌握设施维护；

5. 重点掌握资源性能控制。

学习指南

资源控制的目的是确保资源利用的最优化和浪费的最小化，从而确保企业的运作不会因为资源短缺或设备故障造成突然的中断。在这一章中，将会介绍到资源控制的各种方式。例如，可以通过库存控制系统对原料供给进行控制；可以通过维护系统来保障组织设施的正常运行；对于能源和垃圾，还有环境系统来控制；再加上资源性能系统和记录系统，这就构成了一个完整的资源控制方案。

关键术语

库存控制　有效库存　设施维护　全面生产管理　环境控制　资源性能控制　保存记录

15.1　库存控制

库存通常是指未加工的原料，但也可以指半成品或成品。例如，一个汽车制造厂的库存包括汽车零件、机械、化学制品等的库存（输入），也有在装配线上等待转化的半成品汽车的库存（部分输出），还有加工好的放在停车场中等待出售给经销商的车辆（输出）。当然，库存也可以以数据的形式存在。例如，数据库存就是存储在计算机中的数据。

所谓库存控制，是要保证组织有足够的储备资源，以满足未来可以预见的生产需要。

15.1.1 有效库存

通常情况下，人们认为"库存"就是"商品的存储"。但是细分起来，"库存"可以分为"有效库存""非有效库存"两部分：

- 有效库存——是指真正符合客户需要，能给客户带来价值的商品库存；
- 非有效库存——是指不能给客户带来价值的所有其他商品库存总和，包括损坏的商品、未能及时按照客户要求进行组装的商品、未能在客户指定时间送达客户指定地点的商品等。

"有效库存"在供应商和客户之间起着非常重要的作用。通过以下案例与讨论，体会一下有效库存的重要性。

案例与讨论 有效库存的重要性

某船厂的钢板供应商曾经发出这样的感慨：为了实现船厂提出的"整船订货，分段供应"的要求，他们按照船厂生产计划而提前准备大量钢板，但是船厂却仍然不满意。船厂的采购经理也在抱怨：往往一船来了一大批的钢板，他们都不知道这些钢板属于哪个生产段位号。因为船厂的用料都是按照段位来进行的，一个段位只要少了一块钢板，那么该段位就不能进行焊接生产。一下子来了这么多钢板，暂时用不着的只能堆在码头，不能派上用处不说，还占用了大量场地……

问题：

这样看来，"高库存"似乎也不能让客户满意。问题出在哪里呢？

总结：

真正了解了"有效库存"的概念，就不难理解为什么供应商为船厂准备了大量库存，却仍然没法让客户满意。船厂每月从该供应商处订购的钢板有几百吨之多，库存不可谓不多，但收到的钢板往往存在种种不符合船厂供货要求的情况。如未按段位进行钢板集批、段位钢板不全、急用的还没送到……所有这些，均属于典型的"非有效库存"，这些库存的积压，会令船厂不胜其扰。可见有效库存的重要性非同一般。

15.1.2 库存控制的重要性

首先，库存控制的重要性在于需求波动的存在。如果需求突然出现一个大的增长，而企业此时没有库存，那么就无法满足客户的需求；反之，如果需求突然出现下跌，库存量就可能出现积压。在这两种情况下，企业收入都会减少：当需求增长而没有库存时，销售额无法增长；当需求减少而库存却积压时，也不能达到预计能够销售的量。

需要注意的是，第二种情况与第一种情况有所不同。因为库存是有成本的，第一种情况没有库存，也就没有因为库存积压造成的成本损失；而第二种情况则存在这样的成本损失。下面我们了解一下与库存相关的成本：

（1）存储成本——存储货物需要资金，包括照明、能源、设备、职工、空间和租金（如果有的话）等费用。存储越多，花费就可能越多。

（2）折旧成本——大部分存储的货物都有一个"保存期限"。如果保存的时间过长，它们可能就会腐烂（例如食品），或者过期（例如时尚商品）。

（3）营运成本——它的出现是因为在出售产品和产品交货之间存在着延迟。如果这个缝隙越大，你对资金和借款的依赖就越大。如果你没有把资金或银行存款都放在超额购买上，那么你的库存量就不会太高。

（4）组织成本——库存控制系统越有效，货物丢失、损坏或遭窃的可能性就越小。一个快速而有效的系统还可以减少管理成本。

15.1.3　订购量和订购时间

对于采购方来说，一个至关重要的决定是订购量和订购时间。这就是通常所说的订购量——时间决策。

首先，就订购数量来说：如果订购的数量过多，而又不能售出，那么将要面对库存费用上涨的问题；另外，如果大批量进行订购，可能会从供应商那里得到折扣，订购的过少，将会失去这些价格上的折扣，并且还有可能没有足够的供给来满足需求。

其次，就订购时间来说：如果订购太早，可能会在短期内积压过多的库存；订购太迟，可能会在短期内遇到供给断档的问题。

基于这些情况，介绍以下几种确定订购量和订购时间的方式。

步骤与方法　确定订购量和订购时间

（1）定期采购相同的量；
（2）不定期采购相同的量；
（3）定期采购不同的量；
（4）不定期采购不同的量。

这几种方式分别有其各自的优缺点，例如，定期采购相同的量是最容易执行的采购系统方法，但是存在着不必要的浪费库存的危险。不定期采购不同的量就需要连续的预测、严密的组织和成熟的供应商信息网络，但是潜在的优势是库存量能紧密地与供求关系相匹配，并减少了浪费。只要理解和掌握了上述这几种采购的方法，自己的计划和控制就会越来越成熟。许多组织采用不定期采购不同量的方式，是为了将可用的资源同需求准确匹配。

延伸与拓展　供应商管理库存（VMI）

　　VMI 全称 Vendor Managed Inventory，即供应商管理库存。在零售行业中，零售商为了保证产品销售的连续性，一直独自管理产品库存，单独承担库存成本。供应商管理库存（VMI）是对企业资源的重新整合，供应商根据零售商的预测和计划，对零售商的需求进行补货。即使是在零售商现场的库存，其物权仍然属于供应商，零售商实现了零库存，其按照使用的金额或者销售的金额，和供应商进行结算。沃尔玛和宝洁、家乐福与雀巢、海尔、美的、联想等企业都通过实施 VMI 模式，实现了高效供应链。

　　　　　　　　　　　　　　——杨娟. 物流工程与管理[J]. 浅谈供应商管理库存，2010.

15.1.4　库存控制效果

　　库存控制系统能够明确地指出现有的库存量，并能指出还需要多少库存量。下面的训练与练习能够帮助你检查目前你所在的工作场所的库存状况。

训练与练习　库存控制效果

　　问题：

　　思考表 15-1 中的问题清单。从库存控制系统的几个方面，评估你的组织/工作领域的情况，使用 1～5 进行打分（1 为最差，5 为最好）。

表 15-1　组织库存状况

库存控制系统效果	分　　数
把所有的库存都适当分类	
根据价值和使用情况将库存分类	
可以在任何时候都辨识出当前的库存水平	
记录了收到的库存和卖出的产品	
库存水平下降的时候可以自动再订购	
如果需要，可以打印出报告	
允许进行预防性的库存检查及审核	
与需求预测相联系	

总结：

其中的一些分数可能取决于你所在组织库存控制系统的自动化程度。一般而言，自动库存控制系统在监控方面考虑得更周全。如果置身于制造业或是在一个有大量库存的组织中，就应该把采购、存储、生产和配送用一条链条穿起来，换句话说，就是要有一条完整的供应链，以确保组织平稳地运行。

15.2 设施维护

组织所使用的物质资源有一个关键的特点，就是这些资源都是由各种设施组成的。这些设施包括地产、建筑物和设备，虽然它们是维持组织运作所需的次要资源，但是同样不可忽视，所以我们要不断对它们进行维护。维护这些设施的目标就是保证这些资源处于最优状况，成本效益好。

15.2.1 有计划的维护

最好的维护方式是做好计划。有计划的维护一般包括两种主要的类型：

（1）预防性维护——主动进行维护，做一整套工作来减少设施的故障，其中包括：润滑、调整、清洗、检查、校核、监测、预防性的修补和换件。

（2）应急性维护——被动的维护方式，只有在故障出现的时候才进行维修。这表现为故障排除和应急维修。

预防性维护和应急性维护的特点如下所述：

○ 预防性维护的优点：

（1）由于预防性的保养，可以使得设施的寿命达到最大化；

（2）由于安排了维护的时间，设施运转被中断的次数达到了最小化；

（3）由于在维护方面所做的合理预防，导致运转中的故障率被最小化了。

○ 应急性维护的优点：

（1）仅在完全必要的时候，才进行维护；

（2）没有预防性的维护成本；

（3）需要的维护人员数量更少。

总体说来，应急性维护比较适用于那些由于生产中断造成的产品损坏和损失比较低，并且风险也比较小的情况；预防性维护比较适合于由于生产中断所造成的财务和人员损失比较大的情况。了解两种不同类型的设施维护方式的特点，有利于你在不同的时期选择不同的维护方式。

15.2.2 设施维护的法律要求

维护设施不仅是资源使用最大化的要求,同时也是法律的要求。例如《劳动法》(2018年修订)第五十三条规定:劳动安全卫生设施必须符合国家规定的标准。新建、改建、扩建工程的劳动安全卫生设施必须与主体工程同时设计、同时施工、同时投入生产和使用。第九十二条规定:用人单位的劳动安全设施和劳动卫生条件不符合国家规定或者未向劳动者提供必要的劳动防护用品和劳动保护设施的,由劳动行政部门或者有关部门责令改正,可以处以罚款;情节严重的,提请县级以上人民政府决定责令停产整顿;对事故隐患不采取措施,致使发生重大事故,造成劳动者生命和财产损失的,对责任人员比照《刑法》第一百八十七条的规定追究刑事责任。

做下面的训练与练习,检查你所在组织现在维护设施的系统是否良好。

训练与练习 设施维护系统

问题:

你所在组织的设施维护系统工作良好吗?请对下列问题作出判断,如表15-2所示。

186

表15-2 组织中设施维护系统的状况

设施维护系统有关状况	是	否
我们有足够的主动和被动维护机制	☐	☐
我们有预防性的维护安排	☐	☐
我们的维护系统符合相关法规要求	☐	☐
我们有良好的车间、机械和工具检查与保养机制	☐	☐
我们有预防性的劳动保护用品(例如手套、头盔等)	☐	☐
我们按要求维护灭火器、升降设备、锅炉、电动扶梯、动力冲床和车辆等	☐	☐
我们有良好的维护记录	☐	☐
我们聘用的维护人员能力很强	☐	☐

总结:

维护系统非常关键,你可以用上述问题来检查自己的工作领域中的设施维护状况,同时应该思考自己需要作出哪些改进以及需要承担什么样的责任。

在设施维护时,要认真履行职业责任,做好本职工作,这一要求既是设施维护的道德要求,也是法律要求。

15.2.3　全面生产设备管理（TPM）

科学的设备管理是现代组织，尤其是制造型企业越来越重视的话题，它是提高设备综合效率最直接、最有效的途径。

现代企业组织打破了原来购买最豪华、最先进设备的观念，开始创建一套从自主保全入手，专业保全并行的设备保障系统——全面生产设备管理系统，即 TPM（Total Productive Maintenance），从而降低成本，最大限度地提高生产效率，增强企业体质，建立先进企业文化，打造一流企业。

TPM 活动由"设备保全""质量保全""个别改进""事务改进""环境保全""人才培养"这六个方面组成，对组织进行全方位的改进，其要注意的五大要素如下：

步骤与方法　TPM 五大要素

○　TPM 致力于使设备综合效率最大化的目标；

○　TPM 对设备建立彻底的预防维修体制；

○　TPM 由各个部门共同推行；

○　TPM 涉及每个雇员，从最高管理者到现场工人；

○　TPM 通过动机管理，即自主的小组活动来推进。

其具体含义有下面四个方面：

（1）以追求生产系统效率（综合效率）的极限为目标，实现设备的综合管理效率即 OEE 的持续改进；

（2）从意识改变到使用各种有效的手段，构筑能防止所有灾害、不良、浪费的体系，最终构成"零"灾害、"零"不良、"零"浪费的体系；

（3）从生产部门开始实施，逐渐发展到开发、管理等所有部门；

（4）从最高领导到一线作业者，全员参与。

15.3　环境控制

资源不仅包括库存和我们所使用的设施，还包括能源以及在能源使用过程中附带产生的废弃物。能源的高效利用和废弃物的控制不仅可以保护环境，而且可以大大提高组织的盈利能力。下面这个案例与讨论就讲述了环境得到控制的重要性。

<u>案例与讨论</u> 工作环境与工作效率

> 某生产车间进行安全隐患排查时，了解到部分工人在连续工作数小时后出现头晕症状，且在订单增多时，工人为了自身健康不愿加班。经调查分析，原因为砂轮机在切割材料时产生了大量的粉尘，个别工人吸入粉尘导致头晕。经过团队研究，工厂引进了吸尘设备，不但改善了工作环境，还杜绝了工人因粉尘吸入而患上职业病的现象，工人工作的积极性提高了，订单完成率大幅提升。
>
> **问题：**
> 在你的工作与生活中是否可以找到类似例子？
> **总结：**
> 由于环境改善而使生产率得到提高的例子屡见不鲜，为了提高生产率，有必要更加重视环境控制的问题。

15.3.1 能源管理

能源管理涉及对供暖、照明、通风、制冷等的控制，也就是对任何使用燃油、汽油、电力的物体都要进行管理。一个能源管理系统应当包括以下内容：

（1）对使用能源的设施进行检查，以寻找浪费之处。例如，查看灯在不必要时是否仍然开着；温度调节装置的温度是否设的过高以及盥洗时是否用掉了过多的水等。

（2）安装更高效的能源系统。

（3）与供应商进行合同谈判，以保证得到最合适的价格。

（4）告诉员工节省能源的方法，并鼓励他们找到节省能源、防止浪费的方法。

（5）建立一个能源管理信息系统，记录检查的情况，确认能源账单以及提供能源报告。

15.3.2 减少物资浪费

如同能源浪费可以减少一样，生产中的物资浪费水平也是可以降低的。例如如果企业要为排放出的垃圾支付一定的费用，这样的措施将促使人们减少对生产物资的浪费。

<u>步骤与方法</u> 减少物资浪费

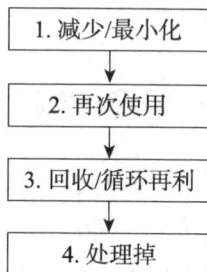

图 15-1 中这个被称为"浪费等级"的方法是一种减少

1. 减少/最小化
↓
2. 再次使用
↓
3. 回收/循环再利
↓
4. 处理掉

图 15-1 "浪费等级"示意图

物资浪费的好方法。其中，1 代表最好的方法，如果你做不到 1，那么 2 是次好的，以此类推。

- ○　减少浪费的最好选择是卡住源头，例如在交付的供应品中使用较少的包装；
- ○　次好的方法就是再次使用，例如把旧的墨盒送回去重新装满；
- ○　再次就是回收再利用，比如把玻璃瓶送去回收；
- ○　扔到垃圾堆或焚烧掉则被认为是最后应该选择的方法，是在其他任何一种方法都不合适的时候才用的。

通过下面的训练与练习对这种方法进行应用。

训练与练习　划分"浪费等级"

问题：

把组织丢弃掉的废品列一个单子，例如废纸、废料、废包装、食品、操作或加工剩余物、计算机用品、印刷品等。请考虑一下除了扔掉它们之外是否还有其他的方法（使用"浪费等级"作为指导）。依照表 15-3 填写。

表 15-3　组织对废弃物的处理

废弃物	浪费等级	改善方法和途径

总结：

在处理废弃物时首先应该考虑能否得到回收或利用，然后再作出最后选择。

15.3.3　法律要求

在英国，根据 1990 年的《环境保护法案》，任何人都有管理废弃物的责任。也就是说每个人都应做到以下要求：

- ○　防止其他人非法处理你的废弃物；
- ○　保存好那些要被处理掉的废弃物；
- ○　保证废弃物被转移到得到授权处理的地方，以确保可以得到妥善的处理；
- ○　精确描述那些要被转移的废弃物——你应当保留一个称为"转移记录"的文件。或者，如果有被称为"特殊废弃物"的危险废物的话，应当保留一个"交付记录"。特殊废弃物包括危险的化学品和医院临床废弃物。

我国现行的环境保护方面的法律主要有：《环境保护法》《水污染防治法》《大气污染防治法》《环境噪声污染防治法》《放射性污染防治法》《环境影响评价法》《清洁生产促

进法》等。

依据《固体废物污染环境防治法》规定，我国固体废物管理的原则主要有以下三项。

○ "三化"原则

"三化"即无害化、减量化、资源化的原则。其中无害化是指对于那些不能被再利用或依靠当前的技术水平无法对其再利用的固体废物进行一定的处理和处置，使其不能对环境、人体和社会发展构成任何危害；减量化是指在生产生活过程中最大限度地利用资源和能源，以减少固体废物的产生量，对产生的固体废物进行处理处置，压缩其体积和质量，尽量减少固体废物的排放量；资源化是指对已产生的固体废物进行回收，并辅以相应的技术进行处理处置，将其生产成二次原料或能源再利用。

○ 全过程管理原则

全过程管理是指对固体废物从产生、收集、储存、运输、利用到最终处置的全过程实行一体化的管理。《固体废物污染环境防治法》中规定：产生固体废物的单位和个人，应当采取措施，防止或者减少固体废物对环境的污染。收集、储存、运输、利用、处置固体废物的单位和个人，必须采取防扬散、防流失、防渗漏或者其他防止污染环境的措施；不得擅自倾倒、堆放、丢弃、遗撒固体废物。产品和包装物的设计、制造，应当遵守国家有关清洁生产的规定。生产、销售、进口依法被列入强制回收目录的产品和包装物的企业，必须按照国家有关规定对该产品和包装物进行回收。以上规定正是体现了"全过程管理"这一原则。

○ 分类管理原则

即根据固体废物的不同来源和性质对其进行分类管理的原则。如国家对工业固体废物、生活垃圾、危险废物、医疗废物的管理都分别做了规定。

15.4 资源性能控制

我们在 13.3 中曾经提到，可以依据质量、速度、可靠度、弹性和成本来评估供应商的供应能力。通常情况下，也可以用这些标准来评估资源性能。这里有一些典型的性能指标（如表 15-4 所示）。

表 15-4 资源性能的评估标准和指标

性能标准	物质资源的性能指标
质量	每一次交付中含有的有缺陷的、污染的和破损的数量；退换的订单；内部客户和外部客户的抱怨等级；库存浪费等级；浪费等级（包括能源浪费）

续表

性能标准	物质资源的性能指标
速度	供应商响应的时间；订货到交货的时间；交付的频率；供应链的速度—从下订单到配送
可靠性	订单的平均迟交时间；交付延误的订单的百分比；时间安排的遵守情况；在供应商中占的产品的百分比；设备故障水平；产品寿命
弹性	加快供应速度所需的时间；改变订单所需的时间；生产量；改变时间安排所需的时间
成本	库存周转率；消耗物和废弃物的成本；实际成本与预算方案

通过下面的训练与练习，学习对资源性能的控制。

训练与练习　资源性能指标

问题：

将你所在组织使用的性能指标与上面表中列举的各条性能指标进行比较，评价你所在组织目前的资源性能控制系统，思考其在物资管理方面还有没有提高的余地？

总结：

可以经常就以上几个方面回顾和评价自己的资源管理，并针对所存在的不足作出相应改进与提高。

15.5　保存记录

在管理资源的时候，可能会用到多种不同的文件，包括：合同、采购订单、发货单、账单、提货单、库存记录、《服务品质协议》、时间安排表、维护记录、转移记录、交付记录等等。保存记录对于任何一个控制流程来说都是非常重要的部分。

有很多方面的原因导致组织需要保存资源方面的记录：

（1）为了遵守法律法规的要求，例如，健康，安全和环境法；

（2）为了在报告中提供关于效率和品质方面的详细材料；

（3）为了采取正确的行动；

（4）为了检验某个行动是否已经执行，例如供应款项是否已支付，交付是否收到，工作是否已经展开；

（5）为已经签过的协议提供证据——例如供应合同和《服务品质协议》等；

（6）为了提供所有权证明；

（7）为了提供数据、改进流程和系统；

（8）为了能有效地计算成本、审核和清算账目。

下面的训练与练习帮助你学习如何保存资源管理记录，并进一步理解这些记录的作用。

训练与练习　资源管理记录

问题：

1. 想想你为了资源管理而保存了哪些记录，把它们写在表 15-5 中，并指出这些记录是否达到了本来目的，你对它们的作用是否感到满意？

表 15-5　资源管理记录

记录类型	是否达到了本来的目的

2. 有没有一种记录是你现在没有使用但将来可以使用的？
3. 评价你的记录保存系统的效率，是否需要改进？怎样改进？

总结：

通过这个练习你能够学会如何改进你的记录保存工作——是设计新的记录，还是设

计一个新的记录保存机制。

下面的训练与练习可以帮助你对所学知识进行回顾和理解。

训练与练习　能源和环境管理

问题：

使用表 15-6 的表格对你所在组织的能源和环境管理进行审核。

表 15-6　组织能源环境管理状况

能源和环境管理审核项目		是	否
交通	车辆是否得到适当的保养、维护和调整？	☐	☐
	雇员们因公出差到同一个地方的时候是否同乘一辆车？	☐	☐
	一些司机是否用了过多的汽油？	☐	☐
	一些司机是否需要在省油方面接受培训？	☐	☐
	是否使用了成本低、效益好的交通方式？	☐	☐
照明	灯泡的利用率是否是最高效的？	☐	☐
	是否可以把工作间搬到窗口附近以提高日光的利用率？	☐	☐
	屋子里没人时，是否关灯了？	☐	☐

续表

能源和环境管理审核项目		是	否
供暖	暖气系统是否得到预防性的保养?	☐	☐
	温度调节装置能否正常工作?是否设置合适的温度?	☐	☐
	当房屋没人时,暖气的开关是否关闭?	☐	☐
空气调节装置	是否真需要空调?	☐	☐
	系统是否保持干净并得到经常的维护?	☐	☐
	是否与供暖系统在同时使用?	☐	☐
隔热	墙壁和屋顶的隔热材料的类型和厚度是否正确?	☐	☐
通风	员工是否更多的通过打开门窗来降低室内温度,而不是靠调低温度调节器来降低室内温度?	☐	☐
	是否存在过多由于装配很差导致门窗处的空气流动不通畅的情况?	☐	☐
设备	机器是否还在高效运转?	☐	☐
	在生产过程中产生的热和能源是否能再利用?	☐	☐
	每项工作所用的机器大小是否都合适?	☐	☐
	计算机是否在无人使用时呈关闭状态?	☐	☐

193

总结:

以上这些能源和环境管理审查行为将会帮助你识别哪些方面需要改进。考虑一下你审核能源和环境管理的优先顺序,在审核时你可以进行什么样的改进?

本章小结

本章让我们认识到库存控制的重要性。同时,为了确保资源利用的最优化和浪费的最小化,最终实现组织的正常运作,我们学习了资源控制的各种方式。在此过程中通过维护系统来保障组织设施的正常运行,再加上资源性能系统和记录系统,至此,我们可以独立完成一套完整的资源控制方案。

思考与练习

1. 库存控制需要从哪些方面进行?
2. 全面生产设备管理系统(TPM)包含哪些内容?
3. 资源性能的评估标准和指标有哪些?

实践与实训

指导：

在这里，你要把前面所有练习中的信息结合到一起，针对你的工作领域，制订出一个改进资源管理的计划。

回顾你学习过的内容，从计划、组织、控制的角度审核你当前管理资源的方法，并确定需要改进的各个方面，拟出一份可行的改进报告，并且请你的上级主管过目。你可以使用下面的表格来帮助你做这个报告。

资源管理改进报告

需要改进的方面		改进意见
资源计划	需求预测	
	制订资源计划	
	协调资源需求	
	选择供应商	
资源管理	采购流程	
	库存管理	
	调度	
	调度方法	
资源控制	库存控制	
	维护设施	
	环境控制	
	资源性能控制	
	记录保存	

总结：

当你完成报告之后，把它呈交给你的主管，请他审阅，同时你需要证明提出的每一条关于增加收益、降低成本的建议都是正确的。通过做这个实践训练，你可以对企业资源管理的一些方面作出改进，同时可以提高自己管理资源的能力。

单元测试

一、单选题

1. 某公司致力于高科技产业,在人力资源方面,(   )部门的人员是该公司的核心人员。

   A. 研发   B. 财务   C. 设备管理   D. 人力资源

2. 李经理所在公司的长期销售记录显示,公司棉衣的销售量平均每年增长 10%,今年公司共销售了 20 000 件棉衣,李经理据此预测明年公司的棉衣销售量为 22 000 件。那么,李经理采取的这种需求预测方法是(   )。

   A. 周期分析法   B. 趋势分析法

   C. 季节性模式分析法   D. 随机事件分析法

3. 王总是一家工厂的负责人,在预测工厂的资源需求时,他习惯采取的方法是收集以往的历史数据,并将其按时间先后排列,然后进行分析,预测将来的需求水平。王总采取的这种方法被称为(   )。

   A. 德尔菲法   B. 统计需求分析法

   C. 时间—序列分析法   D. 顾客需求调查法

4. 某家具厂长期的销售记录显示,其家具的销售量每年增长 10%,该公司今年共销售了 1 500 套家具,根据趋势分析法,该公司明年的销售量预计为(   )套。

   A. 1 650   B. 1 500   C. 2 000   D. 500

5. 某企业想预测目前市场上产品甲的需求情况,它们通常以需求因素为基础,用公式来预测未来的需求。该企业的这种预测方法称为(   )。

   A. 德尔菲法   B. 统计需求分析法

   C. 时间—序列分析法   D. 前导指数分析法

6. 小刘开了一家中式餐馆,每到吃饭时间,来就餐的人非常多,现有的几个员工根本忙不过来。根据这种情况,小刘在制订资源计划时应该采取(   )计划。

   A. 控制需求   B. 等产量   C. 需求跟随   D. 控制资源

7. 高强有一件紧急的包裹要从北京发往上海,这时他选择快递公司时优先考虑的标准是（　　　）。

 A. 速度   B. 价格   C. 服务   D. 财务稳定性

8. 某蛋糕制作店按照一名顾客的电话要求，准备了一份生日蛋糕，顾客 2 个小时后来取，在顾客取走之前这份蛋糕属于（　　　）。

 A. 消耗品 B. 次品   C. 非有效库存 D. 有效库存

9. 某公司打算缩短加快供应速度所需的时间，这是从（　　　）性能标准来提高资源的性能。

 A. 弹性   B. 质量   C. 可靠度   D. 成本

10. 某公司在评估它的资源性能时，交付的频率指标属于资源的（　　　）性能标准。

 A. 质量   B. 速度   C. 弹性   D. 成本

二、案例分析

>   家乐福的订货部门是整个家乐福物流系统的核心，控制整个企业的物流运转。在家乐福，采购与订货是分开的。由专门的采购部门选择供应商，议定合约和订购价格。订货部门则负责仓库库存量的控制；生成正常订单与临时订单，保证所有的订单发送给供应商；同时进行库存异动的分析。作为一个核心控制部门，订货部门将它的资料联系到其他各个部门。对于仓储部门，它控制实际的和系统中所显示的库存量，并控制存货的异动情况；对于财务部门，它提供相关的入账资料和信息；对于各个营业部门，它提供存量信息给各个部门，提醒各部门根据销售情况及时更改订货参数，或增加临时订量。

1. 订货部门的工作之一就是对仓库库存量进行控制，有效的库存控制不能减少（　　　）成本。

 A. 税收   B. 存储   C. 组织   D. 运营

2. 家乐福会生成正常订单和临时订单并发送给供应商，订单中的内容不包括（　　　）。

 A. 货物的数量   B. 货物的价格

 C. 交付期限   D. 产品的折扣

3. 采购的流程包括很多阶段，按时间顺序，最后的流程是（　　　）。

 A. 收货和退货   B. 付款

 C. 提出采购申请   D. 出具发票

4. 有关库存控制的说法，不正确的是（　　　）。

 A. 库存控制是要保证组织有足够的储备资源，以满足未来可以预见的生产需要

B. 库存控制的重要性在于需求波动的存在

C. 库存越少成本越少，因此库存越少越好

D. 库存控制系统能够明确地指出现有的库存量和还需要多少库存量

5. 典型的采购过程中供应商会提供一份报价单，其中不包括（　　　）。

A. 产品的价格   B. 折扣

C. 退货流程   D. 付款期限

扫描二维码，查看参考答案。